TROP BIEN ÉLEVÉ

DU MÊME AUTEUR

LA RÉPUBLIQUE DE MONSIEUR POMPIDOU, Fayard, 1974.
LES FRANÇAIS AU POUVOIR ? *Remarques sur la politique*, Grasset, 1977.
ÉCLATS, *en collaboration avec Jack Lang*, Simoën, 1978.
JOSEPH CAILLAUX, Hachette Littératures, 1980 ; Folio Histoire, 1985.
UN COUPABLE, Gallimard, 1985 ; Folio, 1987.
L'ABSENCE, Gallimard, 1986 ; Folio, 1988.
LA TACHE, Gallimard, 1988.
SIEYÈS, *la clé de la Révolution française*, de Fallois, 1988 ; Le Livre de Poche, 1990.
UN ENFANT SAGE, Gallimard, 1990 ; Folio, 1992.
BATTEMENTS DE CŒUR, Fayard, 1991 ; Le Livre de Poche, 1993.
BERNARD LAZARE, *de l'anarchiste au prophète*, de Fallois, 1992 ; Le Livre de Poche, 1994.
L'AFFAIRE, 1983 ; nouvelle édition refondue, Fayard/Julliard, 1993.
COMÉDIE DES APPARENCES, Odile Jacob, 1994.
ENCORE UN PEU DE TEMPS, Gallimard, 1996 ; Folio 1997.
CONVAINCRE, *dialogue sur l'éloquence, en collaboration avec Thierry Lévy*, Odile Jacob, 1997.
UNE SINGULIÈRE FAMILLE, *Jacques Necker, Suzanne Necker et Germaine de Staël*, Fayard, 1999.
RIEN NE VA PLUS..., Fayard, 2000.
LETTRE À DIEU LE FILS, Grasset, 2001.
UN TRIBUNAL AU GARDE-À-VOUS, *le procès de Pierre Mendès France*, Fayard, 2002.
ET DES AMOURS DESQUELLES NOUS PARLONS..., Fayard, 2004.
MOTS ET PAS PERDUS, *Images du Palais*, Plon, 2005.
« ON NE MEURT QU'UNE FOIS », *Charlotte Corday*, Fayard, 2006.

JEAN-DENIS BREDIN

de l'Académie française

TROP BIEN ÉLEVÉ

BERNARD GRASSET
PARIS

ISBN 978-2-246-73031-6

Tous droits de traduction, de reproduction et d'adaptation
réservés pour tous pays.

© *Éditions Grasset & Fasquelle,* 2007.

Introduction

Je vais tenter, dans ce bref récit, de parler de mon enfance. Sans doute l'ai-je déjà rencontrée dans quelques-uns de mes écrits. Mais au fil des ans me sont souvent revenus des visages, des gestes, des scènes, parfois même des mots que je souhaiterais avoir assemblés avant que vienne la nuit. Ce n'est pas que mon aventure humaine, ma personne de petit bonhomme dans les immenses fourmilières de tous les temps me semblent mériter intérêt ; j'ai l'impression de me divertir d'un sujet secondaire : nulle modestie dans cette indifférence, peut-être de l'orgueil d'abord déçu puis dispersé. Mais cet enfant triste, ce figurant pétri de bonnes manières, cet adolescent tourmenté,

Trop bien élevé

cet éternel patient sous toutes ses identités, ils ne me quittent guère. Peut-être les ai-je trop remués ? Peut-être m'a-t-on trop longtemps laissé seul avec moi ?

Ce que je voudrais ici, c'est décrire les premières années d'un enfant trop éduqué, et, à travers lui, si je le puis, les sentiments, les mentalités, les rites qui dominaient encore une part de la bourgeoisie quand vint la guerre de 1939. Je voudrais tâcher de retrouver ceux que j'ai connus, aimés, et chez eux, toute la peine qu'ils se donnaient pour fabriquer des enfants très solitaires et parfaitement bien élevés.

J'arrêterai donc ce regard quand s'achèvera l'enfance, avant qu'approche le bachot et que finisse la guerre, avant que vienne un autre temps. Je ne dirai rien de la vie d'aujourd'hui, de ceux que j'aime, de ceux qui m'aiment. Je les prie de ne pas m'en tenir rigueur. Mon éducation, et ce que je crois être ma morale, m'ont enseigné un exigeant respect des autres, au point que même les mots de la tendresse me semblent vite des inconvenances. Comment

Trop bien élevé

parler d'un autre sans le défigurer ? Comment écrire, sur un sentiment vivant, sans risquer de le figer ou le transformer ? De chaque ligne écrite je vois tomber comme une goutte d'acide...

De 1929 à 1939

Vite divorcés, mes parents m'avaient confié en partage au père. Ils s'étaient réparti mes deux sœurs : une à chacun. Jusqu'à la mort de papa ma vie fut donc d'attendre le jeudi, ce jour merveilleux qu'une décision de justice me permettait de passer avec ma mère, de 11 heures à 18 heures. Par précaution, mon père me faisait mettre un thermomètre dans le derrière avant que je ne fusse conduit, par ma gouvernante, au domicile de maman. Dès mon retour chez papa, on vérifiait ma température. Ne risquais-je pas d'avoir contracté, là-bas, quelque funeste maladie? Maman, et près d'elle ma petite sœur étaient tout pour moi : la

Trop bien élevé

beauté, la tendresse, l'évasion. Quand venaient mes larmes, chaque jeudi soir ou presque, mon devoir était bien sûr de les dissimuler.

*
* *

De mon père je n'ai plus aujourd'hui qu'un souvenir presque imaginaire, accroché à quelques photos. J'allais avoir dix ans quand il est mort, ce 10 mai 1939, et je garde toujours de lui ce visage grave, encombré de soucis, ce regard myope le plus souvent enfoui sous les lunettes, ses lèvres figées. Je ne vois aucun geste, je n'entends aucun mot. Ce polytechnicien austère et bûcheur est mort à trente-sept ans, peut-être d'avoir trop travaillé, d'avoir trop souffert, de ne savoir ou de ne vouloir vivre. Tout ce que je sais de lui, je l'ai appris plus tard : morceaux épars d'un puzzle que je ne souhaite pas tenter de reconstituer. Ce père m'a sans doute aimé, en se taisant. Il a étouffé, par pudeur et par devoir, tous les bruits de son cœur. Et moi je dois me taire sur lui, sur nous. Il est enseveli sous trop de terre. Pour tirer ce

Trop bien élevé

cercueil il faudrait beaucoup de peine, et tant d'indiscrétion! Il y a des morts auxquels la mort convient.

*
* *

Ma mère, elle, a longtemps vieilli. Pourtant, elle ne supportait pas la vieillesse. Je l'ai vue vieillir, je l'ai entendue vieillir, mais je savais aussi que le malheur l'avait épuisée bien avant l'âge. Ce que j'avais appris d'elle, de sa vie trop agitée, des épreuves qui l'avaient brisée au point d'user son cœur et de la rendre – elle si vulnérable au moindre tourment – parfois insensible au soir de sa vie, je l'ai gardé pour moi. Tel fut notre pacte pudique et commode; nos conversations les plus tendres ne furent jamais faites que de banalités. Nous sommes restés immobiles et muets dans ce magasin de porcelaine qui enfermait nos secrets de famille. Quand maman fut très proche de la mort, que je ne la reconnus plus qu'à de rares moments, au son de ce qu'il restait de sa voix, je me reprochai cette connivence silencieuse: nous

Trop bien élevé

allions donc mourir après nous être tant aimés, sans nous être jamais parlé.

*
* *

Des quatre ou cinq premières années de ma vie, je ne vois à peu près rien : seuls des albums de photos me prêtent quelques souvenirs. Je regarde, j'écoute ma grand-mère qui joue du piano dans un bel appartement. Nous sommes, mes sœurs et moi, tout petits, groupés autour de maman, à ses pieds, et nous nous ennuyons gentiment, semble-t-il, sans bouger. Notre grand-mère, nous apprendra-t-on plus tard, jouait fort bien Fauré, Duparc, Reynaldo Hahn. Elle les avait connus, elle chantait leurs chefs-d'œuvre. Elle avait été, racontait-elle, une amie chère de Marcel Proust. Elle était très belle notre grand-mère, évidemment douloureuse, chargée de mystères, de souffrances tues. Aussi apprenions-nous, très jeunes, notre devoir, qui était d'aider les autres à vivre, de sourire, d'être sages, de tendre la main, de faire des compliments.

Trop bien élevé

*
* *

Un jugement de divorce et deux maisons partageaient mes vacances. Ma mère avait hérité d'une grande propriété, aux environs de Paris, qui se prétendait un château : sur de longs couloirs s'ouvraient des pièces à n'en pas finir. Il y avait un billard inaccessible, des greniers très encombrés. Le parc aussi s'étirait : traversé d'allées dans tous les sens, coupé de fleurs en massifs, avec un étang peuplé de grenouilles. Nous jouions dans les espaces qui nous étaient réservés, les tas de sable, et parfois le potager. Tout était interdit aux enfants ou presque : et bien sûr les pelouses, l'étang, les fleurs. Deux fois la cloche annonçait chaque repas; d'abord pour que nous nous lavions les mains, et dix minutes après pour que nous passions à table. Je me souviens de domestiques – comme on disait alors – gentils et empressés, d'argenteries précieuses, de longs repas écrasés par les rites. Tout respirait l'ordre, et les bonnes manières. Chacun tenait son rôle et semblait réciter son texte; les

Trop bien élevé

drames ne se jouaient qu'en coulisses. C'était un monde raffiné, douloureux, déjà agonisant. Je m'y plaisais car il faisait la part belle au rêve.

En 1941, les Allemands ont occupé le « château » et ravagé ce royaume de mon enfance. Peut-être ont-ils bien fait. Ils ont empêché qu'il ne s'effondrât, morceau par morceau.

*
* *

Fille d'un grand éditeur, ma grand-mère paternelle avait fait construire, entre les pins et la Méditerranée, une immense demeure : de quoi, espérait-elle, abriter trois ou quatre générations. Les chambres étaient nombreuses, afin que l'on pût fermer définitivement celles des membres de la famille qui viendraient à mourir. On n'y entrerait plus alors que pour porter des fleurs et se recueillir. Dans cette merveilleuse « Sanarytaine » nous passions, mes sœurs et moi, la première moitié de nos vacances d'été. Je me souviens des bains, entre les rochers, sur la plage privée, gâchés par

Trop bien élevé

l'angoisse des pieuvres. Je me souviens du vent dans les grands pins, et surtout d'une merveilleuse odeur de résine et de thym mêlés. Les adultes semblaient s'ennuyer sagement, mais je ne les rencontrais guère. Les enfants étaient soumis à une foule de contraintes : il y avait l'heure du bain, l'heure de la sieste, l'heure du travail, l'heure du repas. N'importe! Sous ce ciel, dans ces arbres, tout était agréable, et j'inventais en secret quelques petits plaisirs. Après la mort de papa, son frère – qui fut grand résistant et ministre du général de Gaulle – a décidé de garder cette demeure familiale et ses horaires rigoureux, à peine retardés, et tous ses rites. Quand j'y suis retourné, invité par lui, une odeur d'enfance m'a saisi à la quatrième marche du grand escalier intérieur, une odeur éternelle qui me reportait de trente ans en arrière.

*
* *

Quand j'étais gosse, le divorce était chose très sérieuse. Mon père et ma mère ne se voyaient pas. Ils ne parlaient jamais l'un de l'autre : comme si l'autre n'était plus. J'imagine qu'ils ne correspondaient que par lettres recommandées. Jamais je n'eusse osé dire « papa » devant maman ni « maman » devant papa. Se connurent-ils jamais? Je n'ai pas trouvé une photo qui les représentât ensemble. Ma mère sitôt que j'arrivais chez elle me couvrait de cadeaux : sans doute pour que je mesure mieux l'austérité ordinaire de la vie que m'imposait mon père. Je devinais qu'ils s'étaient autrefois fait beaucoup de mal, et qu'ils n'avaient pas cessé de souffrir l'un de l'autre. Je faisais bien sûr semblant de l'ignorer; c'est que mes sœurs et moi étions ce qu'il restait de leur passé tragique, et nous devions, me semblait-il, être aussi légers, aussi absents que possible. Un jour de mai 1939, mon père fut soudain conduit à la clinique. Mon oncle m'y emmena, sans un mot de commentaire. Je ne crois pas que papa m'ait reconnu. A son chevet je trouvai ma mère. Je compris alors qu'il était perdu. Seule la mort pouvait les autoriser à se rencontrer.

Trop bien élevé

*
* *

Bourgeoisie, affreuse bourgeoisie, chère bourgeoisie! Du côté de ma mère, le bon goût régnait en maître. On aimait les beaux meubles, les livres rares, les grands écrivains, la musique, les jolies femmes : non par plaisir, mais par exigence de raffinement. Bien sûr, la vertu, l'intelligence, la réussite sociale étaient prisées mais c'étaient des valeurs secondaires au regard des bonnes manières. Seuls comptaient les gens distingués, les occupations «élégantes». Ni les choses ni les bêtes n'échappaient à cette sélection. Moi je n'osais faire venir mes petits camarades de peur qu'ils ne fussent mal jugés. L'argent servait de révélateur : cette famille prétendait en faire un usage distingué, tandis que d'autres, avec ladrerie ou ostentation, en faisaient un usage médiocre. Et c'était pour rester, en toutes circonstances, «distinguées», que les grandes personnes, côté maternel, souriaient toujours, et, jusque dans les enterrements, dissimulaient la moindre émotion. Il était vulgaire de pleurer, banal de se plaindre, comme il était déplacé de rire franchement. De telle sorte que j'ai gardé le souvenir de visages impassibles, à peine éclairés d'un sourire glacé, et qui se confondent. Peu de gestes. Un ton de voix presque uniforme. Ni fantaisie ni désordre qui dérangeât cette harmonie. Tout était sacrifié à l'apparence. Je le savais. Et je souffrais, imaginant ce qui pouvait se passer quand ils refermaient la porte de leur chambre, qu'ils retiraient leurs masques, et que, lumières éteintes, ils se déshabillaient.

*
* *

Du côté de chez mon père, c'était la vertu qui comptait seule, le travail, la loyauté, le sérieux. Le raffinement était suspect : signe de légèreté, prétexte à dépenses et désordres. Cette bourgeoisie-là voulait ignorer qu'elle était riche, elle dépensait le strict nécessaire, détestait le luxe, sortait peu, et ne connaissait d'autre distraction que la famille et l'amitié. Les « gens bien », c'étaient ceux qui travail-

Trop bien élevé

laient beaucoup, menaient une vie régulière, et faisaient tout leur devoir. On s'ennuyait sans doute. Mais l'ennui était comme les meubles, comme les domestiques : on ne le voyait pas. Les raisons de vivre et de mourir étaient évidentes, éternelles. Si on se distrayait, on le faisait avec mesure. Si on souffrait, c'était avec discrétion. La mort même ne provoquait pas de révolte : pourvu qu'elle fût digne. Papa travaillait beaucoup, lisait tout le soir et tout le dimanche. Pour son rare plaisir, il jouait au bridge. Aucune femme seule n'est jamais venue le voir chez lui. Il m'embrassait sans effusion, et il dînait sans nous. Quand il nous emmenait par le train pour passer quelques vacances dans la maison du Midi, nous voyagions en troisième classe, lui en seconde : afin que nous ne prenions pas de mauvaises habitudes. La première classe, c'était évidemment pour les nouveaux riches. Ainsi faisait-il toute chose, réfléchissant beaucoup pour trouver la solution la plus conforme à son devoir. Il était triste et malade, mais il ne s'est jamais plaint. Il est mort en quatre jours, sans déranger personne.

Trop bien élevé

*
* *

Ces deux bourgeoisies s'ignoraient, et sans doute se méprisaient. L'une prétendait incarner la vertu, l'autre l'élégance. Elles s'accusaient respectivement d'être étroite et ennuyeuse, ou légère et pervertie. Elles ne voyaient pas comme elles étaient semblables, seulement attentives aux apparences, si méfiantes envers la vie ! Dans mes deux familles, je décelais vite cette règle impitoyable : qu'il fallait être comme il faut, s'acharner à ressembler à une image, étouffer en soi toute révolte.

Et pour apprendre aux enfants à se bien tenir, pour guinder leur corps et laver leur cœur, au-delà des conflits, tous nos parents étaient rassemblés ! Tous ils n'avaient, sur nous, qu'un seul projet : faire de nous des enfants modèles, distingués ou vertueux, travailleurs ou pétris de bons usages, mais modèles. On corrigeait chacun de mes gestes. On rectifiait chacun de mes mots. J'appris que tout mouvement improvisé était suspect, que tout cri était blâmable, que rien qui serait venu

Trop bien élevé

spontanément de moi n'était bon. Je fus donc mon surveillant des jours et des nuits, appliqué à me faire bien manger, bien travailler, et bien dormir. Je m'excusais de tout, et d'abord d'exister. Tous me firent comprendre que vivre, c'était une victoire de tous les moments sur la vie.

*
* *

Excusez-moi, oui, excusez-moi si je suis là, car je vous gêne. Si vous m'avez bousculé, c'est que je n'aurais pas dû me trouver sur votre chemin. Si vous êtes de mauvaise humeur, je dois y être pour quelque chose. Comment vivre, marcher, respirer sans déranger ? Frapper avant d'entrer, s'effacer dans les portes, sourire, toujours sourire... Il ne suffira pas d'une vie entière pour se faire pardonner d'exister.

*
* *

Trop bien élevé

Je ne me suis jamais assis sans me dire que je ne me posais pas à ma place, que justement à cet endroit-là j'importunais quelqu'un.

*
* *

Quand j'assemble des photos d'alors, je ne vois, le plus souvent, que des femmes : ma gouvernante, la cuisinière, mes sœurs, et, les jours de fête, ma maman. Papa n'était pas là ; même présent, il était absent. Ce me semblait le destin des hommes : être soucieux, et toujours occupés. Et porter des lunettes. Mon entourage, ma vraie vie, c'étaient les femmes. Et parce que j'étais un garçon, je croyais qu'il me fallait apaiser leurs humeurs, sécher leurs larmes, les faire sourire. Quand elles étaient toutes heureuses, je pouvais me reposer. Mais elles ne l'étaient jamais toutes ensemble, et jamais je ne me suis vraiment reposé.

*
* *

Trop bien élevé

Les jours de fête on me donnait des jouets, puis on me les reprenait aussitôt. « Pour quand tu seras grand. » J'ai grandi, et je ne les ai jamais revus.

Ils m'auraient pris mes rêves si je leur avais dit que je rêvais.

*
* *

Jusqu'à ce que vint l'âge du lycée, j'allais une fois par semaine au Cours Hattemer. Ainsi s'écoula l'enseignement dit primaire. Toute la semaine, je travaillais à la maison. Ma gouvernante – qui deviendra, le temps passant, mon institutrice – me préparait, avec passion, pour la compétition hebdomadaire. Le matin du « grand cours » puis du classement final, les trente bambins s'affrontaient en toutes matières : en français, en calcul, en histoire, en géographie, en je ne sais plus quoi. Pas en gymnastique en tout cas, ni en dessin, ni en musique : ces disciplines étaient dérisoires. Pour que nos rivalités soient plus ardentes, on autorisait les parents à être présents. Assises

Trop bien élevé

derrière nous, nos mères, nos gouvernantes, nos éducatrices assistaient au spectacle, encourageant leurs champions, souffrant de nos défaillances, se retenant de nous souffler des mots. Nous savions qu'à la sortie nous attendaient baisers ou paires de claques, et qu'à tout prix il nous fallait briller et vaincre. Le classement final – du premier au dernier – nous distribuait, pour une semaine, notre dose d'honneur ou d'indignité. Ainsi avons-nous appris à devenir des chevaux de course, haletants, cherchant les obstacles, toujours prêts à courir pour devenir le premier.

*
* *

Mon père m'avait dit que je devais être ce premier, parce qu'il était indigne de ne pas l'être. Il me donnait cent sous quand je rapportais la croix d'honneur qui récompensait la meilleure place, et que je devais porter épinglée sur mon manteau. Il m'en reprenait la moitié si, la semaine suivante, cette distinction m'était retirée. Je me suis donc donné une peine

Trop bien élevé

infinie pour être le premier, non pour l'argent : car celui-ci je ne devais pas le voir, il allait sur un compte de Caisse d'épargne, qui s'est perdu avec mes jouets. Mais je voulais faire plaisir à papa, j'eusse souhaité qu'il fût moins triste. Surtout il était clair que c'était mon devoir d'enfant.

*
* *

Dans les repas « de famille », on me retirait volontiers tout mérite. « Il est très doué », commentait-on. Comme si mes premières places devaient tout à mes dispositions naturelles, rien à mes efforts. Et moi, je me levais la nuit en cachette pour mieux apprendre mes leçons. Enfermé aux waters, je récitais Corneille et La Fontaine qui régnaient alors sur nos programmes. Pour que papa, et mon institutrice, et les autres soient fiers de moi. De tant de peine, que je gardais secrète, on ne tenait bien sûr aucun compte. Je découvrais, douloureusement, complaisamment, l'injustice. Elle est demeurée ma compagne.

Trop bien élevé

*
* *

Mon père était de famille juive. Il appartenait à une dynastie d'israélites alsaciens qui ne se reconnaissaient aucune judéité. On était français d'évidence : il ne pouvait être question d'affirmer une quelconque particularité. Pourtant, j'aperçois aujourd'hui quelques traces de différence. D'être « israélite » obligeait la famille de papa à plus de vertus. On vénérait le capitaine Dreyfus et Monsieur Léon Blum : le capitaine Dreyfus était innocent, et Monsieur Blum venait jouer au bridge chez ma grand-mère. Pour le reste, je crois qu'on regrettait les métiers trop commerçants et les patronymes peuplés de consonnes : signes d'une étrangeté qui n'aurait pas dû exister. Les Allemands m'apprendront que mon père était juif, et que c'était mal ; mais il est mort avant qu'ils ne viennent, sans l'avoir su.

*
* *

Trop bien élevé

Et c'est mieux qu'il n'ait pas connu tout cela : les noms transformés, l'étoile jaune cachée par mille astuces, notre famille dispersée, bientôt traquée, tous ces malheurs qui nous ont rendus juifs. Lui est mort sans l'avoir vraiment été.

*
* *

J'étais catholique, comme maman. Papa, qui était fort scrupuleux dans le respect des contrats, veillait rigoureusement sur mon éducation chrétienne. Ma gouvernante me conduisait à l'église, au catéchisme, puis faisait un rapport à papa. J'avais neuf ans quand il me dit un soir de prier pour lui. Je le fis de mon mieux, sans bien comprendre ce qu'il pouvait attendre de Dieu. Quand il mourut, quelques mois plus tard, on me dit que je devrais désormais, chaque soir, prier pour lui. Je le fis, et Dieu, pour moi, se confondit avec la mort.

Trop bien élevé

*
* *

Sinistre dimanche d'enfant! Autour de moi, le monde s'ennuie, dérangé par le repos obligé. A 10 heures, c'est la messe. A 11 heures, papa nous emmène au parc de Bagatelle. Il tient mes sœurs chacune par une main. Je marche derrière lui avec la gouvernante. Du même pas, un peu rapide, car la marche doit profiter, nous parcourons toujours les mêmes allées : je ne crois pas qu'en cinq ans nous ayons une fois varié l'itinéraire. Finie la promenade, nous passons chez le pâtissier : papa achète sa tarte aux pommes, toujours la même. Pour huit personnes. Seule la mort, emportant grand-mère, puis grand-père, pourra réduire la table et la tarte. Sinistre dimanche : l'après-midi n'en finit pas de mourir. Moi je n'en finis pas de travailler, je m'évade, comme je peux, de la prison des fêtes. Les adultes y restent détenus, sans doute habitués.

*
* *

Trop bien élevé

J'ai huit ans, je lis Verlaine et Rimbaud dont maman me parle chaque jeudi. Je n'y comprends à peu près rien. Mais la musique des mots m'émeut au point que je pleure sur mon livre. La nuit, des personnages fantastiques tournent autour de mon lit, et m'empêchent de dormir. Ils ne me font pas peur, car ils se dispersent, se dissipent au moment de me toucher. J'observe leurs mouvements, tel celui des algues. J'écoute leurs chuchotements, convaincu qu'ils parlent de moi. D'eux je n'oserai m'ouvrir à quiconque : je sais bien que l'on me prendrait pour un fou. Pourtant ce sont mes compagnons, les seuls. Ils m'encouragent à écrire des poèmes, que je brûle en cachette le premier dimanche de chaque mois. Mes vers me semblent aussi beaux que ceux de Verlaine, et ils me bouleversent davantage. Cette œuvre qui s'en va en fumée, personne ne la connaîtra jamais. Ma modestie, mon sacrifice, me comblent de plaisir.

*
* *

Trop bien élevé

En huitième – j'ai huit ans, comme il convenait à l'époque –, je me fais presque une amie. Nous nous retrouvons une fois par semaine, au Cours Hattemer, partageant le même pupitre. Elle s'appelle Mathilde, et son nom compte deux particules. Je la crois belle. Nous ne savons pas quoi nous dire, et nous n'avons d'ailleurs aucune occasion de nous parler, on ne nous laisse côte à côte que le temps du cours, le temps de la compétition. Nous échangeons quelques sourires, polis ou complices, je ne sais. Je fais l'impossible pour qu'elle puisse copier par-dessus mon bras et gagner quelques places au classement, mais elle paraît mépriser mes charités de bon élève. Elle vit dans la facilité quand je vis dans l'effort. Oui elle a tout : des cheveux blonds sur les épaules, deux parents qui viennent ensemble la conduire ou la chercher, et j'admire leur superbe voiture. J'écris à Mathilde de longues lettres, que bien sûr je ne lui remets pas. Quand elle me dit un mot en chuchotant, je bafouille une réponse idiote.

Je l'ai aimée, je crois, jusqu'en juillet. Puis je l'ai oubliée. Et maintenant mon souvenir lui

Trop bien élevé

ajoute vingt années, l'étire, en fait une amazone. Je regarde des jambes qui n'en finissent pas, des mains qui tordent les miennes. Sa voix m'engloutit... Qu'est devenue Mathilde ?

*
* *

Un jour – c'était, je crois, en juillet 1937 –, j'appris que ma gouvernante s'en allait. Elle retournait en Alsace, pour épouser un paysan, son lointain cousin. Ce mariage organisé lui convenait, il préservait son avenir. Elle avait vécu sept ans avec nous, nous donnant, jour et nuit, sa tendresse et son dévouement. Enfants privés de mère, nous étions sans doute ses enfants. Et voici que prenant ses gages, et ses trois valises, elle nous quittait pour toujours. C'était son destin.

Ce départ, cette soumission à l'ordre des choses, cette bonne humeur, tout cela m'a fait trop de mal. J'ai détesté papa de la laisser partir, de ne pas l'épouser, d'être incapable de rien remuer pour qu'elle restât avec nous,

Trop bien élevé

notre Mademoiselle, si douce, si présente, elle seule attentive à mes chagrins. Je l'ai détestée, elle, de nous abandonner, sans révolte, sans désespoir, presque souriante. Je me suis détesté, parce que je n'ai pas eu le courage de partir avec elle.

*
* *

Mademoiselle, vous aviez apporté, dans ce groupe tant déchiré, votre paix. Dans cette petite société d'égoïstes infirmes, vous aviez apporté l'amour tranquille. Vous aviez, jour après jour, vaille que vaille, appris à vivre à des enfants condamnés à ne pas vivre. Vous leur aviez enseigné ce que vous portiez en vous, le goût du travail et de l'ordre, des devoirs bien faits, des vêtements bien rangés, le respect des autres, la prière du matin et du soir, et même quelques recettes de joie. Puis la fatalité vous a repris ces enfants de vos maîtres... Pour vous consoler, on a dû vous donner un mois double!

Je vous ai rendu visite, près de Sélestat, vingt ans plus tard. Je vous ai revue, à peine

Trop bien élevé

reconnue, tant vieillie : vous étiez entre vos vaches, vos poules, et votre mari. Sans enfant. Ce voyageur qui venait de Paris, votre enfant, vous l'avez appelé « Monsieur ». Vous êtes restée debout. Nous étions très maladroits, vous et moi, buvant un peu d'alcool de poire, ramant, à contre-courant, dans nos souvenirs. Qu'avions-nous encore à nous dire, Mademoiselle, ma merveilleuse maman ?

*
* *

Entre sept et dix ans, je ne cesse de regarder mourir les adultes. Grands-parents, oncles et tantes, amis chers de papa : ils s'en vont en série. On me met un costume bleu foncé, je monte dans une Citroën noire, et nous allons à l'église, à la synagogue, au cimetière. Je sais qu'il faut ne pas pleurer, être digne, serrer les mains, et quand défilent tous ces gens qui vous embrassent, paraître ému et dire merci. Je suis d'ailleurs ému et reconnaissant. Mais peu à peu la mort me devient familière. Comme elle s'accommode de moi, je m'accommode d'elle.

Trop bien élevé

D'autres enfants rient, s'amusent, courent dans les champs : moi je mets mon costume sombre pour aller au cimetière.

J'en déduis que je n'ai pas droit à la joie des autres, que j'appartiens à une famille étrange où l'on meurt avant l'âge, de maladie sans doute, mais surtout d'inaptitude à la vie. Oui, on y meurt de ne savoir vivre.

De deviner cela ne me rend pas triste. J'y nourris un désespoir tranquille. J'y prends des forces. Et aussi un certain orgueil : cette promenade, de tombe en tombe, cette fatalité douloureuse sont peut-être des signes d'étrangeté. Il y a des enfants qui savent faire du patin à roulettes, et d'autres qui réfléchissent sur la mort.

*
* *

Le 10 mai 1939, c'est le tour de papa. Une semaine plus tard, il eût fêté mes dix ans. Cette fois, on ne m'a pas emmené au cimetière. Je ne sais trop pourquoi. J'aurais voulu être présent, pleurer, remercier ; mais je suis trop docile pour m'étonner d'être mis à l'écart. J'ai plus de

Trop bien élevé

remords que de chagrin. Ai-je tout fait pour offrir à papa la part minuscule de bonheur, ou de tranquillité, qui dépendait de moi ? Surtout, n'ai-je pas précipité sa mort, à force de souhaiter, en secret, vivre avec maman ? Ces questions, je me les poserai des nuits entières, et pendant des années : jusqu'à ce que l'oubli me les retire. Dans le moment, je comprends que mon enfance est close. La mort de mon père m'arrache le peu d'insouciance qui me restait. Et cette joie fabuleuse – vivre avec maman –, elle me sera volée : le visage si sévère de mon père, qui reviendra souvent dans mes songes, m'en privera longtemps.

*
* *

Les parents avaient ainsi d'infinies ressources pour gâcher la vie des enfants. Je n'imaginais pas que papa m'eût dû quelque chose. Moi j'étais sûr de tout lui devoir, puisque j'étais son fils. Chez nous, Freud n'avait encore rien bousculé.

De mai à août 1939

Des bagages faits à la hâte, des précautions prises pour que ce bouleversement de la vie se fît sans drame, je ne vois plus grand-chose aujourd'hui. Cet appartement sérieux, si bien ordonné, interdit au luxe, et même à la beauté, cet appartement qui ressemblait tant à mon père, je ne sais plus comment je l'ai quitté. Sans doute maman vint-elle me chercher, très pressée comme elle l'était toujours. On a pris le temps de mettre des brassards sur mes deux ou trois costumes, pour attendre les vêtements noirs que maman avait dû commander. On me permet d'embrasser la cuisinière et ma

Trop bien élevé

gouvernante, une dernière fois. Me voici dans l'ascenseur. Maman me serre contre elle.

*
* *

Maman s'était remariée. Un fils lui était né, âgé déjà de quatre ans. Cette famille habitait un vieil et superbe hôtel du Marais que ma grand-mère, follement dépensière, avait autrefois acheté puis tenté de restaurer. Ce me semblait un palais, beau comme Versailles quoique plus petit. Comme à Versailles, où papa m'avait deux fois conduit, il y avait des fresques au plafond, sur les murs, de grandes glaces prises dans des bois dorés, des parquets fort compliqués, et partout des muses, des anges, nichés sur les portes ou portant des colonnes. Les meubles aussi semblaient couverts d'or. Venant de mon appartement très ordinaire, je ne savais pas où poser mes pieds. Je me tenais à distance de tout pour être sûr de ne rien abîmer. Ce faste me disait que ma mère était probablement une reine, ou une fée, et que commençait pour moi une autre vie,

Trop bien élevé

beaucoup plus difficile, semblable à celles dont me parlaient quelques-uns de mes livres de classe. Maman paraissait heureuse de m'avoir près d'elle. J'eusse préféré que papa fût de la fête... mais je savais que je devais cacher ce poids de tristesse que je portais, parfois facile quand tout allait à peu près bien, si lourd dès qu'il pleuvait, ou quand le travail m'avait fatigué, ou si, la nuit, j'avais rêvé de papa. Pourtant je ne cessais de sourire à ma mère pour la remercier de si bien m'accueillir, de me dire si souvent qu'elle m'aimait.

*
* *

Une semaine avait passé depuis la mort de mon père quand nous allâmes, ma sœur aînée et moi, déjeuner chez le frère de mon père, pour célébrer mes dix ans. Nous étions douze à table, tout ce qui restait de la famille, car les rangs s'étaient beaucoup clairsemés dans les dernières années. Mon oncle nous expliqua qu'il n'avait prévu ni gâteau d'anniversaire, ni bougies à souffler, ce qui eût été inconvenant,

Trop bien élevé

et tandis que nous commençâmes à manger son traditionnel pot-au-feu, les yeux fixés sur nos assiettes, il entreprit un long sermon sur les enseignements que nous avait laissés notre père, sur ce que devrait être notre vie. Soudain il se leva et me tendit solennellement un très beau réveil en cuir où il avait fait graver ces mots, en lettres d'or :

« Quand tu t'endors, quand tu t'éveilles, prie pour ton cher papa qui n'a pu te souhaiter tes dix ans. »

Mon oncle ne savait pas du tout si j'étais capable de prier, si mon père l'eût souhaité, mais qu'importait ! J'étais un enfant catholique et mon père m'avait voulu tel. Les apparences nous obligeaient. Ce beau réveil marcha une dizaine d'années, il se passa souvent de mes prières, puis il disparut, perdu un jour dans un bagage.

*
* *

Mes deux sœurs, aînée et cadette, mon frère âgé de quatre ans et moi, nous vivons dans

Trop bien élevé

l'aile gauche de ce vieil hôtel – celle qui reste fermée ce jour de la semaine où les touristes sont admis à visiter notre belle demeure. Nous partageons une étroite salle à manger, où le valet de chambre de maman nous porte nos repas, à une heure immuable ; et par un étroit escalier nous montons d'étage en étage chacun à notre chambre. Une gouvernante, qui change souvent de visage, veille sans peine sur ce monde clos : il n'y a là que des enfants sages. Ma mère, mon beau-père, leurs amis, nous rendent parfois visite, un peu comme on va au zoo, et tous les soirs nous allons embrasser les parents, dans la partie noble de la maison, après nous être soigneusement coiffés. Une très lourde porte – celle du salon où travailla, paraît-il, l'écrivain Beaumarchais dont on ne cesse de nous parler – sépare deux générations qui ne se rejoignent que pour respecter des rites, ou dans de solennelles occasions.

*
* *

Trop bien élevé

Elles sont lourdes comme la porte, ces grandes personnes qui vivent de l'autre côté, lourdes de leur passé qui les courbe, et de tous leurs secrets mal portés. Je guette les signes de leur mésentente, j'écoute les voix qui montent, parfois je crois entendre des cris mal étouffés. Je tâche de deviner ce qu'elles ne se disent pas, et aussi ce qu'elles feignent de ne pas se dire. Je scrute leurs visages blessés par la vie, par la nuit. Je sens bien que je sors de mon rôle, que je devrais ne rien voir. Mais elles m'empêchent d'être heureux. Elles me fatiguent d'être si pesantes, de traîner si mal leurs infirmités.

*
* *

Bien sûr, maman est différente. Mais elle a été prise dans les pièges de la vie. Maman veut rire, et son rire soudain se casse. Maman fait des gestes précipités, qu'elle n'ose ou qu'elle ne peut finir. Elle se met au piano, elle entame un prélude, et brusquement elle ferme le clavier, elle se met à chanter, se lève et court vers la pièce à côté. Soudain, maman devient immen-

Trop bien élevé

sément triste, et moi plus qu'elle. Je lui prends la main, la main de ma maman, la main de mon enfant. Que pourrais-je pour elle, sinon tenir sa main ? Sait-elle vivre ?

*
* *

Et moi, que sais-je faire, sinon travailler ? Je ne vais pas encore à l'école ; me restent deux mois de Cours Hattemer. Je ne connais pas d'enfants, ou guère. Ceux que je rencontre à des goûters où l'on me conduit de force et pour lesquels on m'endimanche, je décide qu'ils sont ennuyeux. Nous n'avons pas trois mots à nous dire, et de toute manière mon costume noir me tient à l'écart. Il me protège. Mes sœurs, un ou deux cousins suffisent pour mes jeux : ceux-ci ne tiennent pas de place dans ma vie. Apprendre mes leçons, faire mes devoirs, lire tous les livres qui me sont prêtés, réciter des poèmes, voilà de douces occupations. Elles ne cessent de combler tous les vides de mon temps. Plus je travaille, plus le travail me fascine. Tous ceux qui m'entourent sem-

Trop bien élevé

blent satisfaits : je suis plein de bonnes dispositions. Et moi je leur échappe, enfoui dans mon livre ou les yeux fixés sur mon porte-plume. Lentement, sûrement, le travail se confond avec la vie.

*
* *

Je ferme les volets, les rideaux, je me couche, j'ouvre un livre. J'ai posé par terre ma lampe de chevet, une serviette l'enveloppant, afin que ceux qui vivent autour me croient endormi. Dans cette chambre bien close, tout m'est désormais complice. Je rencontre l'œil, unique et familier, de mon gros ours en peluche – qui m'a suivi partout – et qui se vautre dans un fauteuil, tout près de moi. Aucun bruit ne vient m'inquiéter. Alors commencent des heures fantastiques. Je lis quelques pages, je me tourne et me retourne, je me lève pour embrasser mon ours, je lis à nouveau. J'éteins pour regarder la nuit. Je rallume pour lire encore. Je caresse mon oreiller, pour lui faire plaisir. Je m'invente mille fêtes, savantes et

Trop bien élevé

voluptueuses, qui n'en finissent pas de recommencer, et s'achèvent, par hasard, si je m'endors. Nuits merveilleuses, où loin de tout et de tous j'accroche à chaque objet, à chaque page, mes délires d'enfant.

*
* *

Parfois, au contraire, j'ouvre rideaux, volets, fenêtre, pour avoir un peu froid, et regarder les étoiles. Il n'y a guère de bruit dans cette rue Vieille-du-Temple, discrète, peut-être inquiète, solidaire d'un quartier qui se couche tôt. J'ai appris par cœur le nom de mes étoiles : elles me posent des tas de questions. Je cherche à imaginer l'infini, à aller au bout de l'espace. Je me demande pourquoi Dieu a fabriqué un univers si grand pour un homme si petit – pourquoi cet immense gâchis de création. Ma raison ne cesse de se fracasser sur cette somptueuse absurdité. Le Christ et son Père sont-ils responsables ? Je me promets de comprendre un jour ce que l'on ne peut encore ou qu'on ne veut m'expliquer. Et comme ce petit garçon

Trop bien élevé

trop économe ne veut pas perdre tant d'émotions métaphysiques, et qu'il commence à faire trop froid, il ferme volets, fenêtre, rideaux, il s'assied à sa table, il commence d'écrire un poème, il bute sur les rimes, il se décourage, il se met au lit, il trouve le sort décidément bien injuste. Il s'endort, vaincu par l'espace et le temps, recroquevillé, les mains jointes entre les genoux.

*
* *

A ne rassembler que des images, je risquerais de me taire sur ma sœur, la cadette, d'un an plus jeune que moi. Elle avait toujours vécu avec ma mère, et me semblait avoir eu une enfance rêvée. Mais elle mettait tant de grâce à vivre qu'aucun chagrin n'osait venir jusqu'à elle. Depuis la mort de papa, nous vivions donc ensemble. « Ils s'entendent merveilleusement », constataient les grandes personnes. C'était peu dire. Nous aimions les mêmes livres, les mêmes desserts, les mêmes gens : encore aujourd'hui je ne vois aucune attirance,

Trop bien élevé

aucune répulsion qui nous ait distingués. Au même moment ou presque descendait sur nous la même mélancolie. Nous partagions nos secrets, nos projets. Et nous avions, l'un pour l'autre, d'infinis égards. Notre seule distance me semblait tenir à nos rôles sociaux. Garçon, j'avais en charge le monde à l'entour. Fille, elle pouvait s'en évader. De telle sorte que j'étais plus soucieux, un rien renfrogné ; qu'elle était plus charmante, plus disponible aussi. Nous avons vécu l'un de l'autre, et l'un pour l'autre, sachant tout ou presque sans avoir rien à dire : ce qui a le plus souvent évité à notre maladive pudeur la complication des confidences.

Pourtant, nous nous parlions inlassablement Nous nous aidions à faire nos devoirs. Plus sociable que moi, ma sœur allait à des goûters et se débrouillait pour me rapporter des gâteaux. Je la consolais quand elle se faisait gronder, car elle était un peu fantasque. Je lui expliquais que tout cela n'avait aucune importance, qu'un jour elle serait grande, que nous vivrions ensemble et qu'elle ferait n'importe quoi. Alors nous imaginions ce que serait

Trop bien élevé

notre chambre, immense, avec de grands rideaux bleus, un feu dans la cheminée, et un coin pour faire la cuisine, car nous rêvions de préparer nous-mêmes nos repas. Nous nous couchions par terre, pour lire le même livre ; à tour de rôle nous en tournions les pages, sûrs de venir ensemble à la dernière ligne.

*
* *

Quand je suis malade, maman veut bien me consacrer son temps. Je suis souvent malade, d'une forme de langueur vague qui suffit à me tenir au lit. Assise à côté de moi, maman me lit des livres, choisis, mal choisis par elle. Je n'entends pas son récit, mais j'écoute sa voix. D'une main, maman me tient la tête, de l'autre elle avance une cuiller à dessert : j'avale lentement, voluptueusement, un sirop couleur de cassis, bon pour mes bronches, car on ne sait jamais. Cet instant, je voudrais le faire durer à l'infini. J'entends battre le cœur de maman.

Trop bien élevé

*
* *

Vient ce vieux médecin rond, trop serré dans son gilet barré de chaînes d'or. Il me connaît et juge à leur vraie mesure mes maladies qui sans doute n'en sont pas. Comme c'est un homme bienveillant, il entre dans mon jeu, juste ce qu'il faut pour préserver ma dignité. Il sort ses instruments, il m'ausculte de la tête aux pieds, il prend ma tension, demande une serviette, tapote sur mon ventre ; tout cela me fait un vrai plaisir. Je vais déjà beaucoup mieux, et je suis ébloui par ces instruments magiques, par tant de science et de simplicité : j'y apprends un grand respect de la médecine. Après quoi, le bon docteur s'écarte, réfléchit, rédige une ordonnance, à peu près toujours la même, sauf que les sirops changent tandis que marche le progrès. Le médecin se penche vers moi, me tapote la joue, m'embrasse : « Tu seras debout demain. » Comment le devine-t-il ? Demain, je serai debout. Un peu grand-père, un peu psychiatre, un peu magicien, qu'il était apaisant ce

Trop bien élevé

vieux docteur ! Que savait-il ? Une ou deux fois il était venu avec ses livres de médecine, il avait tourné des tas de pages, il s'était perdu dans leur lecture. Mais il comprenait tout : et d'abord que j'aimais ma mère, mon lit, et les sirops.

*
* *

A me le raconter, j'exagère mon plaisir. C'est l'idée d'être soigné qui devait me plaire, et le souvenir de l'avoir été. Sans le savoir, je souffrais déjà de cette infirmité qui devait tant compliquer ma vie : je ne savais guère vivre au présent. Je me nourrissais de souvenirs, et d'attente, j'écrasais tout moment entre l'anxiété qui le précédait et les soucis qui le suivaient. Ainsi je perdais déjà toutes choses, ne connaissant d'elles que leur avant ou leur après. La faute à qui ? A mon éducation, qui ne connaissait que deux situations sûres : le devoir à faire, et le devoir fait ? A Dieu, qui ne me parlait jamais que de confesser des péchés, ou de prendre de bonnes résolutions ? Au temps lui-

Trop bien élevé

même, qui ne faisait que venir et passer, incapable de durer? J'enviais les enfants qui jouaient en jouant; moi je savais que les vacances étaient finies sitôt qu'elles commençaient, et qu'il n'y avait de vrai dimanche que le samedi. J'étais malade du temps, d'un mal qui n'a fait que s'aggraver.

*
* *

Maman nous avait avertis que nous n'irions pas, en juillet, dans la maison familiale du Midi où nous passions chaque été vingt et un jours. Trop de difficultés, nous avait-elle expliqué. Notre père ne pouvait plus nous emmener, nous ramener, et Mademoiselle, qui nous avait accompagnés quelques années, n'était plus là. Or il ne pouvait être question que nous prenions le train seuls comme des enfants abandonnés ou perdus. D'autre part nous risquerions, là-bas, d'être sombres, trop sombres. Maman devait nous éviter cela. Elle nous accompagnerait donc, dès juillet, dans son château près de Paris que nous aimions

Trop bien élevé

tant, nous disait-elle. D'habitude nous l'y retrouvions le 12 août, à peine revenus du Midi. Cette année nous y serions dès le 12 juillet. Ce supplément de bonheur pour nous, pour elle, nous devions vite nous y préparer. Que de baisers avaient entouré cette nouvelle...

*
* *

Je ne comprends guère. Je suis résolument triste. Pourquoi maman ne peut-elle pas prendre le train pour nous accompagner là-bas, puis pour nous y rechercher? J'imagine que cette maison, qu'elle a peut-être connue, est habitée pour elle de sinistres souvenirs, d'images insupportables. Ne devrait-elle pas trouver quelqu'un qui nous emmène? Mais peut-être notre oncle ne souhaite-t-il pas que nous venions : ces enfants vêtus de noir ne risqueraient-ils pas de gâcher les vacances? Ne se mettraient-ils pas à pleurer dans leurs chambres? Et la chambre de papa, sa chambre de deuil, mon oncle avait-il fini de la bien préparer? Avait-il installé les meubles préférés

Trop bien élevé

de papa, les tableaux qu'il aimait peut-être, quelques photos aussi, de nous et de lui? Et les bouquets de fleurs séchées qui resteraient posés ici et là, mon oncle avait-il eu le temps de les choisir? Peut-être l'an prochain voudra-t-il notre présence? Mais cette année, j'aurais tant souhaité retrouver papa là-bas, le voir déjeunant, ou descendant à la plage, toujours trop vite, se tordant les pieds, j'aurais voulu qu'il me surveille encore de ses épaisses lunettes. Tout ce qui vient de lui m'est décidément retiré. Me reste le devoir, soir et matin, de prier pour lui... Le 10 juillet, nos bagages sont prêts.

*
* *

Ce mois de juillet, ce mois d'août se ressemblent, se répètent jour après jour, sauf le dimanche, où la messe nous emmène ailleurs. Je m'applique à lire, à travailler, à ne décevoir personne, à composer de très petits poèmes que je brûle soigneusement le soir. Mes chemises et mes shorts sont maintenant noirs, eux

Trop bien élevé

aussi, comme mes vestes. Il est possible que cela m'aide à ne jamais m'écarter de mon devoir. Les petits plaisirs que j'avais pris la mauvaise habitude de m'accorder, parfois, la nuit, j'y ai bien sûr renoncé. Où qu'il soit, papa ne supporterait pas cela.

De septembre 1939 à mai 1940

Durant les premiers jours de septembre, nous devrions rentrer à Paris. Ma valise est prête, rien n'y manque, tout est bien rangé. Mais voici que la France a déclaré la guerre à l'Allemagne. La guerre ? Certes, elle n'est pas inventée pour la joie des enfants, mais je pressens qu'elle va nous distraire. Tout va bouger ! Maman me signifie sa première décision : elle a choisi de rester avec nous, à la campagne. Pourquoi ? Je n'en sais rien. Pour nous protéger des avions et des chars allemands ? Ou parce qu'il est convenable, dans une famille telle que la nôtre, de quitter la ville sitôt que la guerre éclate ? Nous ne rentrerons

Trop bien élevé

pas à Paris. Semblent commencer d'éternelles vacances....

*
* *

La guerre impose ses lois; nous devons tenter de vivre en joyeuse autarcie. Vite on bêche, on sème, on plante, n'importe comment, pour récolter, puis conserver, nos fruits et nos légumes. Nous nous préparons à des « jours noirs » : c'est notre manière d'affronter les Allemands et de travailler à la victoire. On me donne un coin de potager pour mes propres cultures. Je deviens jardinier, mais un jardinier patriote. Au fond du parc on abat les grands arbres : il est sûr que cet hiver nous manquerons de charbon, et qu'il nous faudra tous nous grouper près du feu, les mains tendues vers les flammes. Ainsi la maison familiale devient-elle une forteresse. Mais une forteresse joyeuse. Ce rôle nouveau, que la France nous assigne, grandit et peut-être exalte chacun d'entre nous. L'ordre des choses a désigné maman comme capitaine. Elle aime sa maison,

Trop bien élevé

ses enfants et ses souvenirs réunis autour d'elle. Ce monde clos lui tient chaud. Elle est heureuse de le défendre.

« Mobilisés », les hommes sont partis : mon beau-père, le valet de chambre, le jardinier. Ils sont partis sans tristesse, m'a-t-il semblé, sans doute contents, comme nous tous, que changent soudain des vies qui ne pouvaient plus changer. L'uniforme et le devoir ont redressé leur allure. Ils ne sont pas loin d'être des héros. Jamais je n'avais vu ma mère s'occuper tant de son mari; voici qu'elle guette le facteur, qu'elle lit et relit des lettres, qu'elle pleure même en les lisant. Peut-être faut-il, dans un pays en guerre, que la femme d'un officier pleure sur les lettres reçues de lui. Peut-être est-elle vraiment triste, d'une tristesse tranquille et fière. Moi je reste le seul garçon dans cette communauté de femmes ardentes. Ceci m'oblige, et j'en suis conscient. Mais il me semble que j'y gagne en importance. Mes culottes courtes m'investissent d'une dignité nouvelle. J'appartiens presque à la race des soldats.

Trop bien élevé

*
* *

Vient octobre. Je traîne les pieds dans les feuilles mortes, pour marquer mon chemin, pour écouter mes pas. Cette campagne que je n'avais connue qu'en été, somptueuse, tout occupée à plaire, voici qu'elle devient sombre, et qu'elle gémit. Les arbres pleurent leurs feuilles. L'herbe perd ses couleurs. La terre se durcit. Dans mon coin de potager, plus rien ne va guère, et moi je n'y vais plus. Je n'ai pas la force ni le goût d'égayer ce parc. Il s'abandonne au vent, à la pluie du soir, aux ombres méchantes de la nuit. A voir cette mélancolie où s'enferment les paysages, je me demande si la guerre, finalement, ne serait pas une circonstance malheureuse. S'il ne faudrait pas conclure vite la paix et rentrer à Paris.

*
* *

Je continue de « suivre » le Cours Hattemer, mais par correspondance. Une demoiselle

Trop bien élevé

anglaise, Mademoiselle Write, vient nous faire travailler, mes sœurs et moi, quatre heures par jour. Elle est jeune, belle, et s'ennuie discrètement. Tandis que nous récitons nos textes, elle regarde par la fenêtre, elle a les yeux perdus au fond du parc, au bout du monde. Je comprends bien qu'elle gagne ainsi sa vie, que ce n'est pas drôle de venir tous les jours, de parcourir à bicyclette près de vingt kilomètres, d'avoir froid au nez, de compter les heures, de compter les sous. Je fais tout mon possible pour la soulager. J'apprends par cœur tout ce qu'elle veut, et plus encore. Mes sœurs, au contraire, semblent s'appliquer à la contrarier. Parfois, Mademoiselle Write se fâche un peu, elle menace de nous abandonner; mais nous savons bien qu'elle a besoin de nous.

Il arrive que maman l'invite à déjeuner. Mademoiselle Write observe tous les gestes de ses hôtes : comment s'asseoir, comment se lever, comment bien se tenir, comment bien manger. Maman ne fait rien pour lui rendre l'épreuve facile; maman doit la juger méritante, mais « ordinaire ». Sans doute ces repas font-ils plaisir à Mademoiselle Write. Elle en

Trop bien élevé

sort un peu réconfortée. Surtout, elle semble adorer les desserts.

*
* *

Ces morceaux de souvenirs, partout éparpillés, je les assemble de mon mieux, m'aidant d'images dont je ne sais ce qu'elles valent, de tous les récits venus à moi, de mon propre récit sur moi, entamé dès l'enfance, et toujours poursuivi. Parfois, je me demande si cette histoire que je crois la mienne n'est pas un roman, dont j'aurais toujours amassé les matériaux, romancier par maladresse, non par imagination. Le pire est que fouillant ainsi dans mes jours et mes nuits, je n'entends pas les voix, je ne surprends que des images furtives, aussitôt effacées. J'erre dans un monde sans bruit ni continuité ; je ne puis y marcher qu'appuyé sur mes peines, éclairé par mes rêves. Mais le vrai, où est-il ?

*
* *

Trop bien élevé

Noël approche. J'ai trop de choses à demander au vieux monsieur, pour trop de gens. Pour moi, rien ou presque : juste quelques livres, puisqu'il a la gentillesse de se déranger. J'ai lu les catalogues. Rien ne peut me faire plaisir de ce qu'il apporte, paraît-il, aux garçons de mon âge. En revanche, autour de moi, ils ont tous besoin du Père Noël. Je voudrais que maman ne soit jamais triste, et elle le devient tandis que nous nous enfonçons dans l'hiver. Je voudrais qu'elle ne fasse pas pleurer ma sœur aînée qui ne cesse de l'agacer. Je voudrais que Mademoiselle Write se marie. Je voudrais que la cuisinière et la femme de chambre partagent nos repas. Je voudrais que papa ne soit pas mort, et qu'il reçoive la croix de guerre. Je voudrais que la France et l'Allemagne se réconcilient et s'embrassent. Tout cela, je le demande au Père Noël, chaque soir. Le 24 décembre, je déposerai une lettre à son intention, rappelant mes prières. Je veillerai aussi à ce qu'il ait de quoi manger et boire, qu'il soit heureux chez nous ! Je ne sais pas quelle est sa relation avec Dieu. A vrai dire, je doute que ce vieillard rouge et barbu, voué aux enfants, ait de l'influence et qu'il puisse quelque chose pour mes protégés. N'importe, je veux mettre toutes les chances de mon côté.

*
* *

Mon travail, mon cher travail. Livres et cahiers étalés autour de moi : sur la table, sur le tapis, ils s'étirent comme des chats. Crayons, stylos, rangés dans le plumier, se bousculent sitôt que je les touche. Ils ne me quittent pas, ne me manquent jamais ; et très modestement, sans jamais gémir, ni rien demander, ils accomplissent leur tâche. On dirait, si je suis triste, qu'ils voudraient se rapprocher, qu'ils n'osent : amis discrets, amis rêvés. J'essaie d'être aussi prévenant qu'ils le sont. Je les protège de papier bleu, je les prends et les pose avec soin. Le soir je les range pour qu'ils dorment mieux, ensemble, bien au chaud. Mon travail, c'est eux tous, et chacun d'eux : monde et temps arrachés aux forces hostiles, communauté de complices. Autour de moi les adultes compliquent tout. Je m'épuise à leur plaire, à les

Trop bien élevé

aider, à leur donner ce qu'ils veulent quand ils veulent. Mon travail, lui, ne demande rien. Il me tient gentiment compagnie. Je suis avec lui fiévreux, passionné. Soudain, je le quitte, joyeux. Parfois je me couche par terre, je m'endors mon cahier sur le cœur, sur le ventre; je sens sur ma peau le poids léger des pages, la douce égratignure des coins. Nous nous aimons.

*
* *

Il pleut! Il paraît que Dieu pleure. Des heures je reste à regarder la pluie. J'ai l'impression qu'il ne se passe plus rien, en moi, autour de moi. La pluie me lave de mes soucis et de mes rêves. Je regarde la pluie comme au zoo certains grands animaux me regardent, immobiles, indifférents. Il pleut. Je prends plaisir à cette vacuité humide où je me plonge.

*
* *

Trop bien élevé

Tout peut m'arriver, tout me fait peur : hors la mort qui ne me concerne pas. Je crois que je suis éternel. L'éternité me quittera vers mes quinze ans, à peu près. Elle ne reviendra pas.

*
* *

J'écoute à la radio monsieur Edouard Daladier, notre président du Conseil, qui nous souhaite un joyeux Noël. Notre radio est un gros meuble d'où sortent des sons éraillés : je reste debout, l'oreille collée au poste, émerveillé. Cette voix, lente, mélodieuse, ce noble discours sur de beaux sentiments, tant d'idées généreuses, tout cela me ravit. J'admire ces messieurs qui gouvernent les peuples, et leur disent avec émotion des choses si graves. Monsieur Daladier aime indistinctement les Français et les Françaises, il les défend contre l'ennemi, il pense à eux parce que c'est Noël. Autour de moi, on reste indifférent ; j'ai dix ans, et je suis le seul à éprouver de la gratitude pour les soins dont ce président nous entoure.

Trop bien élevé

Cette injustice qui accable monsieur Daladier ajoute à son mérite et semble créer, entre lui et moi, un lien secret.

Monsieur Paul Reynaud, son ministre, nous parle des finances de la France. Je l'écoute, presque en me cachant. Il m'éblouit. Peut-on être si savant, si méticuleux, si sûr de soi ? Je devine que je ne pourrai jamais ressembler au président Daladier : il faudrait venir du Sud, n'être pas timide, savoir aller vers les autres, s'asseoir à leur table. Mais j'imagine qu'à force de bien travailler je pourrais peut-être imiter monsieur Paul Reynaud. C'est un homme qui doit vivre entre livres et cahiers. Je n'imagine nul autre projet chez lui que d'être le meilleur dans son austère discipline. Que ce ministre des Finances soit mon modèle je le cache. Je sais bien qu'on se moquerait de moi. Quand il deviendra président du Conseil et jurera de sauver la France, je ne douterai pas de sa réussite. L'écroulement de mon héros, son départ, ses épreuves me rendront malheureux. Ils me feront douter de moi.

Trop bien élevé

*
* *

    Tous ceux qui m'entourent semblent m'aimer. Ils m'aiment tant que je suis obligé de leur faire plaisir, à toute heure, ce qui souvent m'épuise. Et moi? Moi je suis seul. Mes peines d'enfant, mes peurs, car la vie me fait peur, le projet que j'entretiens de changer le monde, tout cela je le leur cache. Ils n'y comprendraient rien, et de toute manière je ne veux pas les importuner. Je m'installe, comme je le puis, dans ma solitude. J'y fais mon trou. Plus je suis gentil, plus je suis loin.

*
* *

    J'essaie d'apprendre par cœur Cyrano de Bergerac dont maman me vante les mérites. Devenir Cyrano, cela me plairait bien. Taire un fabuleux amour, écrire des vers sublimes que d'autres publieraient, rester sous un balcon, disparaître! Tant de grandeur d'âme m'éblouit. Oui, je rêve d'une vie qui serait un

Trop bien élevé

fabuleux sacrifice offert à ma maman, à Dieu, à la France, à qui l'accepterait. Avec, au dernier acte, la brusque révélation de mes mérites : la montée sur le podium, l'arrivée au ciel dans un délire d'applaudissements. Etre ignoré, méprisé, supporter les injustices par courage, par devoir, puis recevoir soudain récompense au jour de la distribution des prix, du jugement dernier... Ce doit être cela un destin réussi.

De juin à septembre 1940

Juin 1940 : après avoir envahi les Pays-Bas et la Belgique, les Allemands courent vers Paris. Nous devons donc partir. Je ne sais si nous partons parce que le patriotisme nous impose de ne pas les rencontrer, de nous replier, en bons Français, dans des régions où ils ne viendront sans doute pas, ou si, en réalité, nous avons peur d'eux. Je n'ose dire que je trouve moche cette fuite organisée; cela ne me regarde pas. Mais où aller? Notre chère cuisinière propose gentiment la ferme du Gers d'où elle est venue : ses vieux parents nous y accueilleront. Ils nous laisseront deux grandes chambres, dont la leur. Là nous aurons le

Trop bien élevé

temps de voir venir. Et c'est ainsi qu'un matin de juin 1940, avant le fameux exode, nous avons pris le train – maman, mes sœurs, mon frère, la cuisinière et moi – avec une dizaine d'énormes valises où nous avions entassé tout et n'importe quoi.

Je commençais de soupçonner que la guerre devenait sérieuse, et qu'elle ne nous épargnerait pas forcément. Notre maison familiale, nous l'avons abandonnée précipitamment, lits défaits, objets épars sur les tables, sans avoir rien rangé, sans doute pour nous convaincre que nous la retrouverions. J'imaginais que les Allemands allaient l'occuper, peut-être la détruire. Je ne leur en voudrais pas si c'était leur devoir. Mais cela me faisait souffrir que les grandes personnes se détestent tant, que vivre fût décidément si compliqué !

*
* *

J'aime le train, sa force tranquille qui s'enfonce dans la nuit, terrible bête en cavale. J'aime son tremblement continu, ses plaintes

Trop bien élevé

hurlées qui se perdent dans la campagne. J'aime ce monde clos, à la fois étrange et chaleureux, qui transporte tant de mystères. Je m'y sens protégé et menacé. Et quel plaisir peut égaler un repas pris au wagon-restaurant : ces gestes familiers, réinventés dans un monde inconnu et qui bouge. Cette douce intimité emportée dans l'espace...

*
* *

Le soir était venu. Nous fûmes les seuls à descendre en gare de Condom. Quand nous nous retrouvâmes là – sur ce quai désert – avec nos paquets autour de nous, enfermés dans la nuit, et bientôt dans le silence, j'eus le sentiment que mon enfance était close, que je devais entrer dans un autre âge, dans une autre vie. Fièrement je prends les deux plus grosses valises. Je marche devant les autres. J'avance les dents serrées, à la rencontre d'un chef de gare qui semble attendre, en bâillant, de vérifier nos billets.

Trop bien élevé

*
* *

Maman est triste, tellement triste! Je vois comme elle est fragile : les catastrophes ne lui conviennent pas. Dans le car qui nous emporte, je lui prends la main. Je ne vois pas son visage, mais je suis sûr qu'elle pleure, ou qu'elle se retient de pleurer. Cette guerre, cette fuite, cet étrange voyage, c'est plus de désordre qu'elle n'en peut supporter. Heureusement que notre cuisinière est là, qui va prendre en main nos affaires, et qui parle, qui parle pour nous distraire et nous apaiser. Sans elle, nous serions semblables à nos paquets.

*
* *

Nous voici installés dans la ferme. Nous occupons au premier étage les deux chambres aménagées qui donnent sur la pièce commune. Les propriétaires se sont déplacés, pour occuper un bâtiment annexe – à l'autre bout de la cour. Ils vont camper là dans des pièces sans

Trop bien élevé

chauffage et sans eau. Comme nous venons de la ville, que leur fille est notre cuisinière, qu'elle semble heureuse avec nous, ils ont trouvé normal de nous laisser leurs chambres. Et nous avons trouvé normal de les occuper. Maman mesure-t-elle tant de gentillesse ? J'en doute. Les parents de ses domestiques sont un peu ses domestiques. Surtout elle est entrée dans cette vie nouvelle comme un automate : elle parle, et sourit de moins en moins. Elle se promène comme au zoo. Pas de cintres dans les vieilles armoires, pas de baignoire mais un simple cabinet de toilette. Les WC sont dans la cour. Moi je suis follement intimidé ; je ne sais que dire à ces gens, bourrus et généreux, qui semblent parler une autre langue et ne pensent qu'à nous bien servir. La vieille dame fait la cuisine, du matin tôt au soir tard. Le vieux monsieur s'interrompt de soigner ses poules, il revient des champs plusieurs fois par jour pour s'assurer qu'il ne nous manque rien. La voix mondaine de maman, ses brusques exclamations sur un ton théâtral, « c'est trop exquis... que vous êtes adorable », me gênent un peu. Je sens bien qu'il faudrait être autre-

Trop bien élevé

ment, et que cette famille parisienne, projetée dans une ferme du Gers, a des gestes et des mots maladroits. Je découvre que mon éducation, qui me semblait parfaite, est ici un peu ridicule. Spontanément je cesse de baiser la main de la fermière. Maman m'en fait reproche. Je crois pourtant que j'ai raison.

*
* *

Mes deux sœurs dorment ensemble, mon frère dort sur un lit pliant dans la salle commune. Maman m'a pris avec elle dans la plus grande chambre. De celle-ci nos hôtes sont très fiers ; le mobilier complet ils l'ont acheté aux Galeries Lafayette, sans regarder à la dépense, et les bois vernis sont rutilants. Les murs sont couverts de médaillons : photos de mariages, de premières communions – où je cherche vainement à reconnaître notre cuisinière – et, bien sûr, photos du vieux monsieur en uniforme, soldat parmi tant de soldats de la Grande Guerre. Le buis, les fleurs séchées, les chapelets, s'accrochent maladroitement à ces

Trop bien élevé

souvenirs suspendus, qui racontent l'histoire d'une famille paysanne. Au-dessus du lit un crucifix, bien trop grand, qui semble venu d'une église, veille tristement sur cet ordre chrétien.

*
* *

Le lit est immense; c'est que le vieux a, paraît-il, des cauchemars agités. Nous y dormons ensemble, maman et moi, ou plutôt nous essayons d'y dormir. Je me couche le premier : maman attend pour me rejoindre. Soupçonne-t-elle que je feins de dormir ? Elle sort du cabinet de toilette, et, dans la fente de mes yeux entrouverts, je la vois qui s'agite, à peine vêtue d'une longue chemise de nuit blanche, les cheveux décoiffés flottant sur les épaules. Elle lit, une heure ou deux, un livre dont elle tourne rarement les pages. C'est le moment le meilleur. Elle est tout près de moi. J'entends son souffle. Elle m'embrasse légèrement sur le front : un baiser que je ne lui rends pas puisque je dors. Elle éteint. Elle attend que vienne

Trop bien élevé

son sommeil. J'ai décidé de retarder le mien jusqu'à ce qu'elle dorme; je veux m'assurer que tout va bien. A quoi pense-t-elle? A son mari officier qui bat en retraite quelque part en France? A ses enfants? A sa vie? Maman n'a pas quarante ans, mais il me semble qu'elle porte un très long passé, trop douloureux. Parfois, la nuit, elle gémit, elle doit se débattre dans ses rêves. Je veux l'aider. Je lui pose la main sur le bras, ou je l'embrasse en secret. Elle se tait. Elle dort mieux. Moi aussi. Je laisse ma main tout près d'elle pour la mieux protéger.

*
* *

Une ou deux fois, elle est restée longtemps dans le cabinet de toilette, puis elle a éteint sans lire. Elle avait pleuré. Dans le lit, elle tâche d'étouffer ses larmes. Je m'enhardis jusqu'à lui parler. A voix très basse je lui dis que je suis là, que je l'aime, que je veillerai sur elle toujours et partout. Je lui dis que nous sommes heureux. Je la console avec des mots

Trop bien élevé

très vagues, mais qui semblent lui faire du bien. Je suis désespéré. Que le monde soit assez méchant pour faire pleurer ma mère! Que je sois incapable de l'arracher à ses peines, de l'emporter vers un pays où tous ne vivraient que pour servir son bonheur, où tout la ferait rire! Pourquoi suis-je impuissant?

*
* *

L'idée me vient qu'un jour elle ressemblera peut-être à la vieille dame. Je lui prends brusquement la main. Je veux retenir maman, retenir le temps.

*
* *

Dans l'église très humide, décorée d'immenses toiles d'araignées, nous suivons le chemin de croix. Beaucoup de femmes et d'enfants. Très peu d'hommes : ils se tiennent en arrière comme si cela ne les concernait guère. Je ne suis pas sûr que le Christ soit

Trop bien élevé

Dieu, mais je ne connais rien de plus exaltant que son aventure. Je voudrais l'aider – porter sa croix, lui rendre sa Passion plus légère. Je n'aime pas les femmes qui l'entourent : trop gémissantes et inactives. Il lui faudrait d'autres amis pour le mieux soutenir. Mais elle me plaît, cette solitude tragique, elle me parle de moi. Quand il va mourir, à la neuvième heure, ayant versé tout son sang, que le désespoir s'empare du peu de souffle qui lui reste, et qu'il murmure « *Eli, Eli, lamma sabacthani* », je suis tout ému, si proche de lui ! Moi aussi mon père m'a abandonné. Moi aussi je n'en peux plus de porter le péché du monde, de me vider de ma vie pour aider ceux qui me la prennent.

*
* *

Dans les waters, je reste des heures, à écouter les poules qui jacassent autour de la petite cabane où je suis enfermé, et les voix paysannes qui s'y mêlent. Entre les planches disjointes, le soleil passe, gentiment indiscret. Je fais

Trop bien élevé

des tas de projets, dont celui de m'acheter une ferme dans un pays très chaud. Je comprends le maréchal Pétain qui rêve, raconte-t-il, de terminer cette guerre. Que les Allemands détruisent Paris? Cela m'indiffère. Mais qu'ils viennent ici malmener mes vieux amis, dévaster leur maison, les massacrer peut-être, cela m'épouvante! Oui, je veux la paix. Et dans ce cabanon tranquille, où je retourne souvent pour mieux réfléchir, je discute avec Hitler des conditions d'un armistice.

*
* *

A la radio, le soir, nous écoutons, avec les vieux, le maréchal Pétain qui parle aux Français. Notre hôte se lève aussitôt que le maréchal parle. Car celui-ci fut son chef à Verdun, et lui serra la main, très simplement, sur un lit d'hôpital : récit cent fois recommencé. La vieille fait la navette de la table au fourneau; la politique est affaire d'hommes. Maman est indifférente, mes sœurs aussi. Elles écoutent parce que ce sont des temps douloureux, et

Trop bien élevé

qu'il est poli d'écouter. Moi je n'aime pas du tout ce vieux maréchal : ni sa voix tremblante, ni ses phrases en forme de médailles. J'aimais trop entendre Paul Reynaud pour supporter ce successeur. Privé de divine compétence, j'ai l'impression d'écouter des radotages.

*
* *

A la lisière du champ de blé – qui entoure la ferme – et d'un bois de hêtres, nous avons, ma sœur cadette et moi, construit notre maison. Des branches, des ficelles, de vieilles toiles, et des morceaux de linoléum que nous ont prêtés nos hôtes : l'ensemble tient debout, et tient l'eau s'il ne pleut pas trop. Une seule pièce, bien sûr, juste conforme à notre dimension, à notre rêve, une pièce où nous pouvons déjeuner, dormir, lire, surtout raconter nos projets. Tout ce qu'il faut pour vivre – les oreillers, les couverts, quelques livres – est à portée de notre main : monde replié, chaleureux, sans gestes gaspillés, sans souffrance, construit pour nous aimer. Maman est contente que nous nous

Trop bien élevé

plaisions là : car elle ne sait trop comment nous distraire. Allongés, les yeux fixés sur notre toit pour l'admirer, ou vérifier qu'il résiste, nous parlons, ma sœur et moi, à n'en pas finir. Ce que nous disons n'a pas d'importance. Nous partageons le plaisir d'être ensemble, d'être bien, d'avoir une maison commune, un seul avenir. Nous nous rapprochons si la pluie tombe, nous nous serrons sous les plus fortes branches, là où il ne pleut pas. Quand le soleil nous fait visite, entrant de partout, nous nous étalons. Nos mains, nos pieds, se rencontrent, se retiennent. Ce serait cela le bonheur s'il n'y avait le reste, dehors, tout à l'heure.

*
* *

L'armistice ! Nous sommes tous attablés, ce jour de juin. Le soleil même semble heureux. Chevrotant, le maréchal Pétain nous parle de la paix, de sa paix. Sa voix se mêle à celle des poules, des chiens, au bruit des assiettes. Le vieux va nous chercher une grande bouteille

Trop bien élevé

d'un bordeaux blanc, la dernière, nous dit-il, pour fêter la paix, pour fêter son maréchal. Sa bonne humeur nous emporte, les enfants même ont droit, ce jour-là, à un fond de verre. Nous trinquons donc. Et la joie semble déferler, elle s'empare de la vieille qui ébauche un pas de danse, et du chien qui devient fou. Maman et la cuisinière ont l'air plutôt satisfaites : leurs maris vont revenir...

*\
* **

Moi je suis triste. Il va falloir repartir ? Rentrer à Paris ? Aller où ? Chaque fois que je commence d'organiser un royaume, il disparaît. Pourquoi cette vie en tranches ? Je pense à papa. Je le vois, marchant devant moi, à Bagatelle : que la vie me semblait simple ! La mort, les départs, la guerre, la paix, et les gens, de plus en plus nombreux, de plus en plus pesants, tous ces bagages me fatiguent. Et aussi le vin blanc.

Trop bien élevé

*
* *

Soudain, voici, de passage, ma vieille tante, la sœur de la mère de papa. Elle aussi a quitté Paris. Elle s'est cachée dans le Lot-et-Garonne. Comment a-t-elle connu notre refuge ? Comment a-t-elle trouvé ce taxi tout rouge pour la conduire jusqu'à nous ? Ma tante est une vieille dame très digne, très malheureuse, m'a-t-on raconté. Son mari est un homme politique qui profite de sa fortune, et la délaisse. Il sait qu'elle l'adore, qu'elle supportera tout. Elle est partie de Paris, emportant de l'or, tous ses bijoux, et des tas de photos de son mari. Pourquoi vient-elle nous voir, de campagne à campagne, notre chère tante ? Elle est vêtue de noir, couverte de perles, toute raide, si bizarre dans la cour de notre ferme. Elle est merveilleuse, peut-être ridicule, incapable de se travestir, ni de s'adapter.

Comme elle est la tante de papa mort, maman la reçoit avec cérémonie, presque avec compassion. Groupés autour d'elle nous

Trop bien élevé

partageons le thé, et un superbe mille-feuille acheté à Condom. Pour lui plaire nous nous sommes habillés. Nous avons repris nos allures parisiennes. Poliment, nous restons assis, buvant le thé à très petites gorgées.

Tante Marcelle interroge maman : « Croyez-vous que je doive rentrer à Paris ? » A Paris, elle vit dans un appartement encombré de tableaux et de meubles rares, soignée par trois domestiques. Ici elle languit dans un hôtel sans confort, face à la gare : « Bien sûr, Madame, il faut retourner à Paris. D'ailleurs, nous-mêmes, nous allons rentrer... » Je les imagine toutes deux, bavardant autrefois, je vois papa avec elles, je les vois tous trois presque heureux. Il faut rentrer ? Maman a sans doute raison. Mais nos fermiers qui nous ont tant donné, il nous faudrait les emmener avec nous.

Ma tante hésite. Puis elle murmure, en demi-confidence : « Souvenez-vous que je suis juive. » Maman le sait. Maman se tait. Nous avons les yeux au fond de nos tasses. C'est la première fois, si je me souviens bien, que le mot « juif » est prononcé devant nous, dans cette famille israélite. Ma tante est-elle juive ?

Trop bien élevé

Pourquoi le dit-elle ? A-t-elle peur ? A-t-elle honte ?

*
* *

Elle est revenue à Paris quelques mois plus tard. Son mari a divorcé. Pour continuer d'assumer des responsabilités politiques, il fallait quitter une épouse juive. Elle l'aimait trop pour s'y opposer. Ma tante n'a plus fait que pleurer. Elle s'est mise peu à peu à aller vers la mort. Le dernier mois, un jésuite l'a convertie : nous l'avons enterrée chrétiennement au cimetière juif de Montmartre, un jour glacé de décembre 1941.

Chère vieille tante, je ne vois plus d'elle que ses perles, ses indéfrisables. J'imagine cette étoile jaune sur son manteau d'astrakan noir. Je me souviens qu'on nous passait du rouge sur les joues quand nous venions déjeuner chez elle : car des enfants elle ne savait apprécier que leur bonne mine. Je me souviens de cette tombe ouverte, de ces noms compliqués gravés

Trop bien élevé

sur les pierres tout autour, de ce père jésuite barbu qui, dans le grand froid, tandis que nous tapions du pied la terre gelée, nous a longuement parlé d'elle, « enfant chérie de Dieu », que l'éternité allait récompenser! Je ne voyais pas du tout ma tante en enfant chérie de Dieu. Nous avons tous ensemble récité trois Notre-Père pour que notre tante fût récompensée de n'avoir rien su faire dans la vie qu'aimer et attendre.

*
* *

L'armistice est signé, la guerre est finie, les Allemands occupent Paris. Les hommes reviennent peu à peu, ceux du moins qui ne sont pas prisonniers. Maman a accueilli son mari avec des tas de baisers qui m'ont semblé contraints, une tendresse un peu gauche. L'eût-elle préféré vainqueur? Craint-elle cette présence de tous les jours, les éclats de voix retrouvés, l'odeur de son perpétuel cigare? Dans la ferme, avec nous, elle avait pris, jour après jour, ses habitudes. Ce monde rétréci, sans drame, sans

Trop bien élevé

avenir, a pu lui tenir chaud. A peine revenue, le fils des fermiers a repris son service. Nous somme assis à sa table mais il nous sert les repas. Ce n'était donc que cela une guerre ? Tout recommencerait comme avant ?

*
* *

Pas pour moi. Maman m'explique que c'en est fini du travail à la maison qu'avait choisi mon père, que je devrai, à Paris, entrer en cinquième au lycée, me faire des amis, que tout deviendrait sérieux. Je ne discute pas. Je ne discute jamais, mais je trouve cela injuste. Tout le mal que je me suis donné, c'était aussi pour prouver que je savais travailler seul, échapper aux professeurs et aux petits camarades. Cette guerre a été trop courte et l'avenir est sombre pour moi. Je voudrais m'enfuir comme Rimbaud, ou rejoindre le général de Gaulle à Londres, ou attraper une grave maladie. Mais je ne suis pas même capable de faire de la peine à maman.

Trop bien élevé

*
* *

Ces vieux qui nous avaient reçus comme si nous étions leurs enfants, qui nous avaient tout donné, leur chambre, leur temps, leurs soins de tous les jours, ces vieux nous les avons quittés comme cela, en les remerciant, en les embrassant, promettant de leur écrire. Moi je ne comprenais pas que nous puissions désormais vivre sans eux, et qu'ils puissent vivre sans nous. Mais cela ne les révoltait pas, et maman semblait trouver notre départ tout naturel. Il avait fallu une guerre pour rapprocher, quelques jours, des étrangers. Maintenant, tout rentre dans l'ordre. Nous disons adieu aux parents de nos domestiques.

*
* *

Le mari de ma mère avait réussi à apporter sa voiture. Nous partirons donc de bon matin, pour affronter les pannes et les encombre-

Trop bien élevé

ments. Nous avons atteint la ligne de démarcation, près de Vierzon je crois, à 11 heures le soir. D'immenses files de voitures attendaient la vérification des papiers : tous ces gens étaient partis comme nous, avaient vécu, et rentraient pour retrouver leur vie ordinaire. Un Allemand, puis deux, puis trois, nous parlent à travers la vitre entrouverte. Avec un fort accent, mais poliment. Ils n'ont pas l'air de nous détester, et je me demande si cette guerre valait la peine. Mon beau-père s'impatiente, quitte la voiture, l'air fâché. Il va au bureau de la kommandantur. Vingt minutes plus tard, il revient avec un bel officier qui ouvre nos portes, présente en français ses hommages à ma mère, nous tapote la joue. Il est avocat, nous dit-il, comme le mari de ma mère dont il a vérifié le passeport, avocat à Cologne, et en toutes circonstances, explique-t-il, les avocats se doivent assistance et confraternité. Il dirige la manœuvre pour que notre voiture sorte de la file, et il marche devant nous, nous ouvrant le chemin. Au poste frontière la barrière se lève. Nous entrons en France occupée. Elle me semble dormir tranquille-

Trop bien élevé

ment, cette France, aussi paisible qu'autrefois, surveillée par les étoiles. Sait-elle vraiment qu'elle est occupée ?

D'octobre 1940 à septembre 1941

Ma mère avait décidé de m'inscrire au lycée Charlemagne, tout proche de notre maison, en plein Marais. La réputation de ce lycée était excellente. Maman m'avait expliqué que venant du Cours Hattemer je risquais de n'y être pas admis. Heureusement, mes carnets étaient rassurants, et son mari – mon beau-père, comme je disais – ferait toutes les démarches.

Il alla très gentiment rendre visite au proviseur du lycée. Je fus inscrit en cinquième A, sans problème me dit maman, car mes notes semblaient mériter que je fisse du latin, et plus

Trop bien élevé

tard du grec. J'étais visiblement programmé pour devenir un bon élève. La seule difficulté, m'expliqua maman, avait été d'obtenir que je fusse inscrit sous un autre nom que le mien. On ne pouvait, à ce moment, dans ce quartier, prendre le risque de m'inscrire sous un nom qui me ferait passer pour juif. Maman me serra longuement dans ses bras pour que je comprisse cette évidence. Je n'étais pas juif, et je ne devais pas être pris pour un juif. Mon père eût approuvé ce choix, m'assura-t-elle. Le proviseur avait bien voulu m'inscrire sous le nom de famille de mon beau-père : il fallait pour y consentir beaucoup de courage et de gentillesse. Moi, cela devrait m'amuser de changer de nom en même temps que d'établissement. De toute manière, la guerre ne serait pas longue ; tout rentrerait dans l'ordre, et je retrouverai mon vrai nom. Maman m'expliqua aussi que l'on m'avait inscrit en demi-pension, pour me simplifier la vie.

*

Trop bien élevé

J'étais un enfant soumis, et je comprenais bien que, pour les adultes comme pour moi, tout était devenu très compliqué. Je me sentais le devoir de les aider, en me taisant, en souriant. Mes mille angoisses, mes nuits sans sommeil, mes pleurs retenus sitôt que je pensais à mon lendemain, je devais les leur cacher.

*
* *

J'imaginais les épreuves que je devrais affronter, ce jour terrible de la « rentrée » qui ne cessait d'approcher. Plusieurs fois j'étais allé repérer l'itinéraire, cherchant le meilleur. J'avais longtemps observé la porte du lycée, porte étroite, coincée entre un mur et le flanc de l'église Saint-Paul, porte qui ouvrait sur une longue impasse. J'avais, dans mon cartable neuf, rangé tous les instruments probablement utiles pour un premier jour : cahiers, crayons, plumes, gommes, buvards, chacun en plusieurs exemplaires afin que je ne risque pas d'être pris au dépourvu. Je calculais longtemps la manière d'être habillé pour passer inaperçu. Les jours

Trop bien élevé

qui précédèrent ce lundi 7 octobre 1940, je répétai mes gestes, j'appris par cœur les meilleures réponses aux questions possibles. Et d'abord je devrai répondre à mon nouveau nom. Je me souvenais de papa, de mon institutrice, de ce monde clos, familier, qui m'avait longtemps enveloppé. Tout me semblait dangereux dans l'univers où l'on me commandait d'entrer.

*
* *

Voici venu le grand jour. Je suis parti très en avance, car je pouvais rencontrer des obstacles imprévisibles. J'ai suivi mon chemin, le cœur battant, sans commettre la moindre erreur. Quand je suis entré dans la grande cour du lycée, je me suis frayé un timide passage à travers une cohue de petits et de grands. Ils parlent, ils se bousculent, ils rient. Pourquoi rire? Quelques-uns commencent à jouer au ballon. Je les envie d'être si remuants et si libres. Je souris, pour me donner une contenance et désarmer ceux qui m'entourent. Je

Trop bien élevé

cherche, je trouve sans peine le point de ralliement de ma classe, marqué d'un écriteau. Nous y sommes quatre ou cinq, inquiets, visiblement mal à l'aise. Ces autres infirmes me réconfortent.

*
* *

Vient le roulement de tambour qui me surprend. Je m'attendais au bruit d'une cloche. Tous ceux qui vont en cinquième A accourent, comme s'ils savaient d'éternité quoi faire et comment faire. Nous devons nous mettre en rang par deux. J'évite le premier rang, et me place au troisième, à côté d'un garçon qui me semble discret et sympathique. Quinze ou vingt rangs ? Nous commençons à marcher les uns derrière les autres, silencieux, les yeux baissés, comme il convient. Un vieux monsieur, très gras et qui souffle comme un bœuf, a pris la direction de notre troupe pour nous conduire jusqu'à notre salle, où sans doute notre professeur nous attend. Tandis que nous montons lentement l'escalier, j'observe les

Trop bien élevé

autres, sans me faire remarquer. La plupart portent des pantalons, et mes culottes courtes me posent un problème que je n'avais pas prévu. Je suis peut-être le plus jeune, mais maman et moi aurions dû y penser. Je risque d'être ridicule.

*
* *

Nous entrons dans la salle de classe, sous le regard du professeur, sans doute le professeur de français et de latin, qui ne dit mot mais nous observe et attend, avec quelque solennité, que la troupe s'ordonne. Je vais me placer au second rang, le plus à gauche qu'il m'est possible, afin de n'être pas dans le champ d'observation ordinaire du professeur. L'instant est sans doute important : j'ose un geste de la main sur l'épaule de mon voisin de marche pour qu'il s'installe à côté de moi, au même pupitre. Gentiment il se laisse faire. Maintenant tous sont placés. Le professeur nous gratifie d'un sourire, il s'assied et fait vers nous un geste avenant. Tous nous nous asseyons,

Trop bien élevé

silencieux, les bras croisés, transformés en élèves.

*
* *

Le professeur commence l'appel, dans l'ordre alphabétique. Sans doute a-t-il déjà lu, relu la liste, et pourtant des noms compliqués l'obligent souvent à se reprendre. Chacun se lève, répond « présent ». Quelques-uns sont absents. Le professeur les appelle une seconde fois, d'une voix plus forte, presque solennelle. Ils restent absents. « Cochard, Claude », mon voisin s'est levé, a répondu « présent » d'une voix douce et timide. Décidément, il me paraît un bon voisin. L'appel est long, car nous sommes plus de trente, et quelques-uns se trompent, répondant à un autre patronyme que le leur. Soudain, j'entends appeler mon nom, le nom de papa, ce nom qui aujourd'hui n'est plus le mien. Je suis affolé. Un autre que moi répond. Son prénom ? « Benjamin ». Il est à l'autre bout de la classe. Je n'ai plus qu'un problème : répondre quand viendra mon tour,

Trop bien élevé

sans me tromper, et d'une voix normale. Je vous en ai voulu, papa, maman, répondant « présent » d'une voix presque inaudible, à l'appel de ce nom usurpé. Je vous en ai voulu à vous papa d'être mort trop tôt, à vous maman de m'avoir abandonné dans cet univers. Et j'en veux aux Allemands de m'avoir confisqué mon nom, je vous en veux à tous de tout me compliquer. Tandis que se poursuit la litanie des noms, de plus en plus cacophonique quand sont appelées les dernières lettres de l'alphabet, je me dis pour me consoler que le plus dur est peut-être passé. Mais que c'est fatigant de vivre en société !

*
* *

Au lycée, j'ai fait mon trou. Les professeurs me semblent ne pas être incommodés par moi, et peut-être m'aimer bien. Je respecte les plus infimes préceptes de la discipline. Je me précipite pour ramasser tout crayon qui tombe, je ne cesse de hocher la tête tandis que parle le professeur, pour signifier mon attention.

Trop bien élevé

Parfois, je me demande si je n'agace pas un peu mes maîtres, à multiplier les prévenances. Mais, en gros, ce comportement m'est plutôt favorable. Mes camarades m'ont admis : je tâche, par mille ruses, de me faire pardonner cet excès de zèle. Sans doute me sentent-ils un peu étrange, presque étranger, venu d'ailleurs, vivant autrement qu'eux. Je m'applique à rendre cette distance supportable, à leur offrir de petits services. Tout ceci se passe bien. Sauf que je me fatigue à dépenser tant d'énergie pour être accepté de tous. Mes devoirs et mes leçons, c'est une tâche que j'assume sans trop de mal. Mais ne pas déplaire est devenu un vrai métier.

*
* *

La moindre de mes leçons, je consacre à l'apprendre un temps, un soin infinis. C'est que je ne puis prendre le risque d'un trou de mémoire, d'une hésitation prolongée : sinon j'ébranlerais ce monde fragile que j'organise autour de moi. Mon camarade Charles-Marie

Trop bien élevé

apprend, lui, ses vingt vers de Corneille pendant la récréation. Il se les récite à voix haute, en montant l'escalier, et, la chance l'aidant, il se débrouille à l'oral aussi bien que moi, souvent mieux. Ce me semble un peu injuste : la note, comme la vie, devrait récompenser l'effort. Mais tant de dons, cette nonchalance brillante, cette gaieté paresseuse, auxquels je n'aurai jamais accès, je les admire. Et je suis flatté que Charles-Marie me traite comme un ami.

*
* *

La demi-pension, je n'ai pu la supporter. On nous jetait sur la table, comme à des bêtes, des plats visqueux où je ne reconnaissais rien. Tous à la fois ils se précipitaient dessus, criant, se bousculant comme des affamés. Ils dévoraient d'affreuses choses, le nez dans l'assiette, s'aidant de tous les doigts, essuyant sur leurs manches leurs bouches dégoulinantes. L'odeur de soupe et de poussière mêlées était irrespirable. Les injures et les verres d'eau volaient en

Trop bien élevé

tous sens. Et moi j'étais ridicule, tentant de goûter à cette nourriture, les coudes au corps, m'appliquant à cacher mes haut-le-cœur. Quatre jours j'ai tenu bon, pour ne pas préoccuper maman. Puis j'ai décidé de tomber malade. Le bon docteur est venu chez nous, il m'a ausculté, il a vite compris : je ne pouvais pas rester demi-pensionnaire. Maman a soupiré, plusieurs fois. Dieu que son fils était compliqué ! Elle accepta pourtant que je rentre déjeuner, le temps de ma convalescence. Nous savions, elle, le docteur et moi, que ma convalescence ne prendrait jamais fin. Ma victoire m'a fait honte. Pardon, maman, d'être un gêneur. Pardon d'avoir abusé de votre amour. Je me promis de rendre à ma mère, quand je serai grand, par mille bienfaits, la grâce qu'elle m'avait accordée.

*
* *

Tandis que je suis mon itinéraire pour aller au lycée, ou pour en revenir, le temps, soudain, se détache de moi. Les instants qui

Trop bien élevé

passent, je les entends comme les cloches d'une église très lointaine. Je prends conscience d'un temps étranger, qui poursuit son cours sans moi. Je voudrais le rattraper, m'insérer à nouveau dans ses rythmes habituels. Mais il ne veut plus de moi. Privé de lui, je me sens perdu, menacé de toute part.

*
* *

Au lycée, les alertes nous offrent parfois de merveilleuses surprises. Soudain, elles interrompent les cours, elles referment les livres et les cahiers. Elles sauvent le malheureux qui avait été appelé au tableau et qui bafouillait. En rangs pressés, nous nous précipitons dans les caves du lycée. Là nous restons, assis au sol, à ne rien faire que parler et rire, tandis que nos professeurs, toujours debout pour préserver leur dignité, devisent ou fument. Quand nous croyons entendre le bruit des avions nous avons un peu peur, juste ce qu'il faut pour être ensemble, nous tenir chaud. Nous ne sommes pas loin de devenir des héros. Cela dure dix

Trop bien élevé

minutes, ou deux heures : notre emploi du temps peut être remué pour longtemps. Notre vieux lycée, ainsi regroupé dans la nuit de ses caves, parmi les toiles d'araignées, les tas de charbon, les bancs brisés, s'invente des vertus nouvelles. On y devient gentils, presque fraternels, et tout joyeux d'être français, tandis qu'au ciel Allemands et Anglais s'entre-tuent.

*
* *

L'itinéraire qui me conduit de la maison au lycée, je l'ai mis au point, et je ne m'en écarterai plus. Je n'ai pas choisi le plus court, ni le plus agréable, mais celui qui cumule tous les avantages. J'ai choisi deux endroits où je pourrais, sans risque, m'arrêter deux ou trois minutes pour réciter une de mes leçons. J'ai prévu vingt minutes pour un chemin qui, tous obstacles comptés, ne peut me prendre plus d'un quart d'heure. Cette marge assure ma tranquillité.

Trop bien élevé

*
* *

Au retour, je n'ai pas de chemin obligé. Je rentre parfois avec l'un de mes camarades qui habite dans une rue voisine de la mienne, et pour lui faire plaisir, je suis son chemin. Mon voisin de pupitre, Cochard, habite dans la même rue que moi, et je l'accompagne volontiers jusque à chez lui, même s'il fait des tas de détours. Mon souci est qu'il ne risque pas de me dire « montons chez toi, montre-moi ta chambre ». Il ne me le dira jamais.

*
* *

Notre superbe demeure est devenue trop froide, et nous devons abandonner les grands appartements pour nous tenir dans des pièces exiguës, autour des poêles à bois. Maman et mon beau-père, mes sœurs, mon frère, moi, nous restons le plus longtemps possible blottis chacun dans notre chambre. Nous ne nous rencontrons parfois qu'aux heures des repas, si

Trop bien élevé

vient un invité digne d'être reçu, dans le salon de musique transformé en salle à manger. Maman tient à préserver ce dernier faste : le valet de chambre en veste blanche circule autour de la table grelottante. Suspendus au plafond, les anges semblent se moquer de nous. Glacés, guindés, nous partageons, dans une vaisselle somptueuse, de lourdes panades et des gâteaux aux carottes. Le cérémonial nous enveloppe, et nous n'osons dire mot. Il me semble que nous prenons un certain plaisir à être si somptueusement démunis.

*
* *

Le soir, après dîner, maman nous fait venir dans sa chambre. Nouveau rituel : il nous faut, quelques minutes, écouter la radio anglaise. Nous comprenons bien que cela fait plaisir à maman et à mon beau-père, et que c'est notre devoir. Nous n'entendons rien ou presque, ce qui nous importe peu : de ces voix brouillées vient quelque chose de mystérieux, d'interdit, qui nous aide à rêver. Je retourne dans ma

Trop bien élevé

chambre, hanté de visions héroïques, pour apprendre mes leçons.

*
* *

Au palmarès de l'année 1940-1941, j'eus la chance de recevoir pour un trimestre les félicitations du conseil de discipline et pour les autres d'être inscrit au « tableau d'honneur ». Quand j'apportai à maman, le soir de la distribution des prix, ce 29 juillet 1941, ce que je croyais être de bonnes nouvelles, elle me fit justement remarquer la médiocrité de mes résultats. Les félicitations, je ne les avais méritées que pour un seul trimestre, et je n'avais en composition française et en version latine obtenu que des accessits, des « seconds » accessits. « Ton père, me dit étrangement maman, eût été très déçu. » C'était, je crois, la première fois qu'elle l'appelait en renfort. « Débrouille-toi pour prendre des leçons de français, me dit-elle, et surtout écris des poèmes. » Vainement je me retenais de pleurer, elle me prit dans ses bras. « Ne t'inquiète pas...

tu verras l'an prochain... tu seras le meilleur. »
Je le lui promis.

Je consacrerai ma nuit à lui composer un poème. Souvent maman chantait des mélodies qui parlaient de l'automne. Elle aimait cette saison mélancolique. Je commence à écrire : « Automne, Automne », puis les mots me manquent. Je veux poursuivre, par un alexandrin :
« Splendide avènement d'un très lointain séjour. »
Ce vers ne signifie rien, les mots sont trop lourds. J'ai peur d'être ridicule, je voudrais en finir, mais il fait froid dans ma chambre et mon réveil tourne trop vite. J'écris encore :
« Plaie monotone,
Au cœur où vivait mon amour... »
Je suis décidément incapable. Je m'enfonce dans mes draps, pour qu'aucune lumière ne vienne plus jusqu'à moi. Je me récite le Notre-Père en latin, une fois, puis deux, puis trois. Pourquoi sont-ils tous si sévères avec moi ?

D'octobre 1941 à octobre 1942

Au fil des jours, tandis que se prolonge la guerre, manger à sa faim, ne pas avoir froid, semble devenu l'essentiel. Voici que maman déploie de merveilleux talents dans ces missions nouvelles. Comment a-t-elle réussi à connaître un fermier près de Rambouillet? Elle ne nous le dira jamais. Mais chaque semaine, à bicyclette, elle va lui rendre visite, pour rapporter quelques provisions. Peut-être dépense-t-elle là-bas un charme exubérant, plus qu'elle n'en déploie le reste des jours chez ceux qui l'entourent et qui l'aiment. Elle rapporte, dans un très vaste panier, des œufs, du beurre, du lait, deux ou trois poulets,

Trop bien élevé

parfois même un lapin vivant, qu'elle cache, par précaution, sous des journaux d'avant la guerre et des livres épais. Quelquefois, c'est le vieux fermier qui vient lui-même à Paris, nous apportant des aliments, et même des bûches ; nous devons alors l'entourer de mille prévenances qu'il est paraît-il heureux de recevoir, échangées contre son bois. Purées de rutabagas, épais gâteaux aux carottes sont devenus notre quotidien : la cuisinière les prépare avec un soin exquis, et le valet de chambre les sert solennellement. « N'est-ce pas que c'est délicieux ? », interroge maman vaguement inquiète. Mes sœurs et mon frère hochent gentiment la tête. J'avale chaque bouchée en m'aidant d'une gorgée d'eau, mais je reprends volontiers de ces plats pâteux, qui n'ont ni forme, ni goût, ni couleur, pour rassurer maman. Oui, tout est délicieux ! Elle se donne tant de peine, notre mère, elle me semble si peu faite pour cette vie-là, que je voudrais tout imaginer pour la rassurer. Quant la guerre sera finie, quand je deviendrai un homme, je la conduirai de fête en fête. On lui servira tout ce qu'elle aime. Je guetterai son regard, sa bou-

Trop bien élevé

che, chacun de ses plaisirs. Oui, tout sera, pour elle, délicieux!

*
* *

En quatrième, le grec fait son apparition : notre professeur de lettres nous enseigne désormais le français, le latin, le grec, et aussi la récitation. Il est infatigable. En moins d'un trimestre nous vérifions tous que Blondman sera le meilleur en grec, comme d'ailleurs dans toutes les matières, sauf le français où Feldman le précède, et le chant, le solfège et l'anglais où il s'est résolument installé parmi les derniers. Blondman semble doué comme aucun d'entre nous; il comprend tout, et il apprend par cœur, en quelques minutes, les leçons les plus longues, les plus difficiles, celles qui nous retiendront des heures, parfois des nuits. Il est grand, très maigre, si courbé que son menton semble posé sur ses genoux. Ses longs cheveux blonds achèvent de le cacher. Il faut presque se mettre à ses pieds pour découvrir son visage qu'éclaire un éternel sourire. Pourquoi m'a-

Trop bien élevé

t-on toujours dit, à moi, de me tenir droit, de cambrer les reins, de redresser les épaules, de rester les coudes au corps? Blondman, lui, a le droit de se tenir n'importe comment. Peut-être est-ce pour cela qu'il travaille mieux que les autres. Parfois, il me prend par le bras, et il m'entraîne au fond de la cour. Il me parle, si bien, des auteurs qui sont à notre programme! J'ai l'impression qu'il me prend sous sa protection.

*
* *

J'ai treize ans, ce 17 mai 1942. Maman m'a prévenu que nous fêterions mon anniversaire au dîner, entre nous, que nous n'inviterions personne. Les temps, m'a-t-elle expliqué, étaient trop difficiles. Je savais que la famille de mon père, maman ne la fréquentait pas, et que de sa famille à elle, ses vieux oncles, ses rares cousins, nul n'était assez proche. Mes amis à moi? Maman devinait que je n'aurais jamais osé lui en parler. Trop lointains? Trop ordinaires? Mes deux sœurs et mon frère,

Trop bien élevé

maman et mon beau-père... un dîner de six personnes, c'était cela, pour nous, un bel anniversaire.

Le repas fut lent et solennel. Il commença, selon l'usage, par un soufflé, un soufflé fait de je ne sais quoi, un admirable soufflé que le valet de chambre posa précipitamment sur la table, après que l'on m'eut coiffé d'une couronne. Nous n'échangeâmes pas dix mots. Puis nous fut porté le lapin, savamment décoré de carottes, de navets et de rutabagas. Tous nous le trouvâmes excellent, et nous le dîmes l'un après l'autre, nous appliquant à ne pas user des mêmes mots. Vint enfin le fabuleux vacherin, orné d'une longue bougie bleue que je dus souffler, m'y reprenant à trois fois comme je devais faire. Maman se mit alors à me parler : j'étais un enfant très agréable, obéissant et travailleur. Tous les autres pourraient rêver d'être comme moi. Elle me souhaitait la plus belle année qui fût possible. Treize ans, « c'est un âge fantastique », déclara-t-elle. Elle se leva pour m'embrasser, tous nous nous levâmes, nous nous embrassâmes. « Allez vite vous

Trop bien élevé

coucher, et dormez bien. » Nous allâmes vite nous coucher, lui promettant de bien dormir.

*
* *

Je me souviens que dans les jours qui suivirent on me prit ma chambre deux fois, pour y loger, la nuit, un ami de passage que l'on ne me permit pas de rencontrer. Je reçus ordre d'aller dormir chez ma sœur cadette sur un matelas posé au pied de son lit. Ce furent deux nuits étranges, très douces, et cette mission soudaine me plut beaucoup. J'apprendrai quelques années plus tard que cet « ami de passage » était un jeune avocat parti pour Londres, puis parachuté et caché dans la région parisienne, résistant courageux qui connaîtra un terrible destin. Quand je regagne ma petite chambre, qu'habitera plusieurs jours l'odeur des cigarettes, je rêve de la prêter ainsi au moins une nuit sur deux.

Trop bien élevé

*
* *

Le professeur de piano vient une fois par semaine, avant le dîner, me donner une leçon nécessaire car maman n'imagine pas que je reste incapable de jouer du piano, comme n'importe quel enfant. Le professeur ouvre le piano, il s'assied à côté de moi, il sort de sa serviette une longue baguette de bois qui lui permettra d'obliger mes doigts à prendre et tenir leur place. Il installe Chopin et Schubert au-dessus du clavier, jamais il n'admettra d'autres compositeurs. Sans doute, pour me faire valoir, lui ai-je dit que ma grand-mère fréquentait beaucoup Fauré, Duparc et Reynaldo Hahn, mais il ne m'a pas répondu. J'ai compris que ce n'étaient pas, pour lui, de grands musiciens et que de toute manière les goûts de ma grand-mère étaient sans importance. Mon professeur ne me parle jamais, ou presque, se contentant de surveiller mes yeux et mes doigts. Vite, il a découvert que je n'étais pas doué; il ne cesse de regarder sa montre pour s'assurer que l'heure passe bien. Quand

Trop bien élevé

vient la fin de ma leçon, il joue lui-même, en quelques minutes, tout ce que j'ai été incapable de déchiffrer, il me révèle ce qu'est un vrai pianiste, celui que je ne serai jamais. Au moment de me quitter, il me prend les doigts dans sa main, il observe qu'ils sont déjà très déformés. « De toute manière, me dit-il, tu ne pourras jamais jouer sérieusement... tu as déjà les premiers signes de la maladie de Dupuytren », et il regarde une photo de ma grand-mère posée sur le piano : elle a les doigts déformés, comme maman, comme moi. Il prend une grande enveloppe blanche que maman a laissée, pour lui, au pied de la photo. « A mardi... passe une bonne semaine... » Je le conduis jusqu'à la porte, je m'incline, le remerciant dix fois. L'épreuve est achevée.

*
* *

Parfois, la nuit, quand j'ai fini de travailler, de réciter mes leçons, il m'arrive de descendre les escaliers, très silencieusement, sans quitter mes chaussons pour que nul ne m'entende, et

Trop bien élevé

d'aller faire quelques pas dans la rue. Les maisons semblent endormies, ou font semblant de l'être. Les lumières sont rares et faibles, je ne rencontre que des passants qui doivent être des amis. En plein jour, tout était difficile : marcher, sourire, soutenir un regard, baisser les yeux, passer devant, passer derrière. La nuit, tout semble favorable. Chacun va comme il veut, sans s'occuper de ceux qu'il croise. J'ai le sentiment que personne ne m'observe, ne me note. Je marche lentement, changeant souvent de trottoir. Si j'entends, parfois, quelques cris d'enfants, j'imagine leurs parents, tant attentifs, appliqués à les consoler, à les endormir. Je sais pourtant que notre quartier est inquiet, menacé, que beaucoup voudraient s'en aller et ne le peuvent pas. Mais, dans le moment, je crois que le silence de la nuit nous protège.

*
* *

Un dimanche matin, ce fut, je crois, le 7 juin 1942, l'étoile jaune a surgi. J'apprendrai

Trop bien élevé

vite qu'elle avait été imposée dans les jours précédents, et qu'il était désormais interdit aux juifs « dès l'âge de six ans révolus » de paraître en public sans porter l'étoile jaune, cette « étoile à six pointes ayant les dimensions de la paume d'une main », qui devait être « solidement cousue sur le vêtement ».

Dans le quartier où nous vivons, les étoiles semblent devenir, jour après jour, innombrables. Les vieux qui traînent dans la rue, les commerçants qui s'agitent autour de leurs boutiques, les enfants qui courent, tous ou presque ont maintenant cette étoile jaune « sur le côté gauche de la poitrine ». Au lycée, l'étoile apparaît, en quelques jours, sur la plupart des chandails et des blousons. Par un accord secret, nous détournons les yeux, ou plutôt nous ne voyons rien. Juifs ? Non juifs ? Cette étoile ne change rien ! Le seul signe de différence nous vient, les premiers jours, de certains professeurs : on dirait qu'une indulgence un peu appuyée va aux porteurs d'étoile. Mais tous, nous sommes vite habitués. Au vestiaire, dans la cour du lycée, l'étoile peut

Trop bien élevé

même nous aider à reconnaître nos vêtements. Elle est devenue insignifiante. Comme les noms! Je n'ai jamais vu, entre nous, que cela dérangeât quelque chose.

*
* *

Dans les jours qui suivirent les cabines téléphoniques furent interdites aux juifs. Leurs postes de TSF durent être déposés dans les commissariats, où ils furent confisqués. Dans notre quartier, des voitures de police deviennent de plus en plus nombreuses. On nous dit ici et là qu'après la fête nationale du 14 Juillet – qu'il convient évidemment de respecter –, les grandes rafles vont se multiplier afin que les juifs soient rassemblés dans des camps de la zone occupée.

*
* *

En juin, et plus encore en juillet, l'inquiétude se répand au lycée. Plusieurs de

Trop bien élevé

nos camarades porteurs d'étoile manquent à l'appel. Blondman ? Absent. Le professeur répète trois fois son nom. En vain. Je sais où il habite, et j'irai tout à l'heure au magasin de lampes et de bougies que tiennent ses parents. Je trouverai la porte fermée, si bien fermée qu'elle semble l'être depuis toujours. De Blondman nous ne saurons plus jamais rien. Minkowski ? Il est absent aussi. Pourtant, il m'avait demandé hier mon cahier, pour recopier une leçon. Le professeur passe lentement au nom qui suit. Nous restons les yeux baissés. Que deviennent-ils, nos absents ? Arrêtés dans la nuit ? Partis sans rien nous dire ? Cette fatalité nous deviendra peu à peu familière. Nous n'avons pas le pouvoir de nous en étonner. A peine osons-nous en parler. Un temps nous attendrons leur retour. Puis le temps passera...

*
* *

Maman voit que de jour en jour je m'assombris. Elle me prend dans ses bras pour

Trop bien élevé

me rassurer. Je dois me souvenir, me dit-elle, que je ne suis pas juif, qu'aucune des mesures prises contre les juifs ne me concerne. Une maman catholique, deux grands-parents catholiques, le baptême reçu dès la naissance... c'est plus qu'il ne faut. Mais elle comprend, me dit-elle, ma souffrance : je puis penser à mes camarades qui disparaissent ou qui s'enfuient. Simplement, je ne devrais pas m'inquiéter pour moi. Je ne suis pas juif et je ne serai jamais juif. Je n'ai, me dit-elle, aucune fierté à en tirer, mais il faudrait que ma tranquillité demeure. Quand viendront les grandes rafles de juillet, que l'on entendra, la nuit, dans la rue, les moteurs d'innombrables voitures, les cris, les hurlements, parfois les coups de feu, maman viendra souvent jusqu'à ma chambre m'embrasser, me cajoler.

*
* *

Quand j'entends son pas qui monte dans l'escalier, je ferme précipitamment mes volets, mes rideaux, ma fenêtre, je m'enferme sous mes draps, je fais semblant de dormir pour la rassurer. Mais est-elle vraiment rassurée ? Nous nous embrassons de notre mieux, chacun pensant à l'autre.

*
* *

Comment pourrais-je ne pas penser à papa ? Je lui mets son étoile sur sa veste, sur son manteau, je le vois qui porte son poste de TSF au commissariat. Serait-il alors parti pour se cacher ? Mais il ne pouvait m'abandonner. Serait-il arrêté cette nuit ? Et la police ne voudrait pas de moi ? Sans doute papa a-t-il bien fait de mourir. Mais il m'a laissé le pire. Je ne suis pas juif, mais mon père est juif. Il est devenu mon enfant.

*
* *

Je rêverais de savoir écrire, et de ne jamais parler. Parler, c'est forcément dire des bêtises, manquer de discrétion, de décence, c'est

Trop bien élevé

déranger ceux qui écoutent ou font semblant d'écouter. Parler de soi, parler des autres, parler de n'importe quoi, c'est un exercice qui me semble dangereux. Au mieux, je pose des questions, je sollicite des réponses, j'appelle d'autres mots que les miens, j'invente des formules vagues, gentilles, environnées de sourires, qui tâchent de tenir à distance, j'écoute, ou je n'écoute pas les réponses, mais qu'importe! Je hoche la tête, je souris. Je cherche le doux plaisir de me taire.

*
* *

Ce qui est écrit n'est jamais écrit. La lampe, le stylo, la feuille de papier, le temps qui passe, tous sont des amis fidèles, aimables, qui tiennent gentiment compagnie. Rien ne presse, les mots viendront forcément, prêts à être supprimés, disponibles pour rester là, ou pour s'en aller, ou pour se transformer. L'écriture est une amie qui ne veut pas vous décevoir.

Trop bien élevé

*
* *

Maman a bien fait de me dire qu'elle ne supportait pas les places de second, de troisième, que j'obtenais dans les disciplines littéraires. « Tâche d'être le premier. Fais-moi plaisir. » Elle m'appelait son « premier chéri », ou son « amour de premier », elle me couvrait de baisers. Je ne pouvais continuer de lui faire de la peine.

J'allai voir mon professeur de lettres pour lui demander respectueusement s'il consentirait à me donner des cours particuliers. Il me répondit qu'il n'en était pas question, que ses cours s'adressaient à tous, et qu'il serait indécent, ridicule même, qu'un professeur de français donnât une leçon à l'un de ses élèves.

Je résolus d'en parler à Feldman, mon camarade, presque toujours premier en français. Feldman parut d'abord surpris de ma démarche. Je lui expliquai que ma mère était malade, que j'avais un peu perdu la tête, et le lende-

Trop bien élevé

main, je le trouvai devant la porte du lycée. Il m'attendait. « Je serai ton professeur », me dit-il. Il le fut aussitôt.

Il m'attendait désormais trois fois par semaine de 18 à 19 heures, dans une impasse proche du lycée ou, selon les jours, au bord de la Seine sur un bout de quai à peu près désert qu'il avait repéré. Bien sûr, il ne solliciterait ni n'accepterait aucune récompense. Cela lui profiterait à lui plus qu'à moi : car il avait décidé de devenir professeur de français.

Je fis en trois mois de sérieux progrès. Mes notes écrites gagnèrent entre deux et cinq points, et le professeur voulut bien me parler de mes bonnes notes. Au lycée, Feldman et moi nous nous tenions toujours à distance pour ne pas être remarqués. Lors de ce dernier cours, sur les bords de la Seine, je lui dis : « J'aimerais devenir Rimbaud... grâce à toi. » Il me répondit : « Et moi, j'aimerais être Bergson. » Je ne savais rien ou presque de ce Bergson et je n'osai l'interroger. Je lui posai une question idiote, regardant la Seine à nos pieds : « Tu aimes la mer ? — Je ne l'ai jamais vue »,

Trop bien élevé

me dit-il. Il regarda au loin comme s'il allait vers elle.

*
* *

Il m'avait dit de m'éloigner des poèmes, et d'écrire des tragédies. Pour apprendre le français, m'assurait-il, l'exercice était meilleur. Il m'avait fait abandonner Baudelaire, Rimbaud et Verlaine que pourtant maman aimait tant. Il m'avait assigné le devoir d'écrire une tragédie. C'était, me répétait-il, « un très bon exercice en quatrième et en troisième ».

Feldman avait déjà composé deux tragédies qu'il me montrerait, m'avait-il dit, quelques mois plus tard. « Elles sont aussi mauvaises que seront celles que je te demande d'écrire. »

Il m'avait donné pour sujet les amours d'Eurydice et d'Orphée, mais en faisant, pour changer le ton, d'Orphée le frère d'Eurydice. « Je sais comme tu aimes ta sœur », m'avait-il dit, me donnant raison ou prétexte.

Trop bien élevé

Je lui remis, ce dernier soir, les premiers vers de ma tragédie. Je reproduis ici quelques-uns des alexandrins qu'il lut aussitôt, à haute voix, sans doute pour me faire plaisir.

EURYDICE

Je t'en prie cher Orphée ne m'interroge point
Que le doute de mon cœur à jamais soit éteint
Peut-être faudra-t-il qu'un jour je te le dise
Mais de ce temps lointain je garde la hantise.
Je souffre tu le sais tu veux me consoler
Et maintenant je veux être seule à pleurer.
Te souviens-tu Orphée de ces tendres journées
Que nous passions ensemble en nos jeunes années
De nos joies oubliées, des soucis enfantins
Qui survenaient le soir et fuyaient le matin,
Orphée te souviens-tu des courses vagabondes
Que nous aimions tant en les forêts profondes ?
Et quand l'heure arrivait de songer au sommeil,
Oubliant jeux et rires en l'espoir d'un réveil
Fatigués tous les deux de nos jeux et nos scènes
Nous nous étendions à l'ombre d'un vieux chêne
Que tu avais aimé car je le trouvais beau.
Le vieux chêne perdu ombrageait un coteau
Enlacés tendrement en les fleurs nos amies
Tu rassurais mon cœur de ta main endormie

Trop bien élevé

Et lorsque dans la nuit les oiseaux s'étaient tus
Nous dormions tous deux... Orphée te souviens-tu ?

ORPHÉE

Et quand le jour naissant approchait en silence
Des spectres de la nuit interrompant la danse
Vous vous frottiez les yeux de vos doigts innocents.
Si nos jeux fugitifs avaient pu me déplaire
Alors j'aurais goûté le charme de me taire...

EURYDICE

Et pour moi tu grimpais aux arbres les plus hauts
Pour ravir à son nid quelque fragile oiseau.
Je connaissais pour toi dans ce péril extrême
Le chagrin d'exposer le seul être qu'on aime...

ORPHÉE

Dans nos yeux sans soucis parfois tu dépassais
Des nymphes oubliées les rivages secrets,
Et tes longs cheveux d'or s'enlaçaient dans les branches
Tu suppliais ma main afin qu'elle les tranche.

EURYDICE

Que de joies et de rires avons-nous partagés !

Trop bien élevé

ORPHÉE

Que de légers plaisirs avons-nous consommés!

EURYDICE

Orphée te souviens-tu...

ORPHÉE

Eurydice tu pleures...

Feldman me parut épuisé quand il acheva sa lecture. « Méfie-toi, me dit-il, tu abuses de la mort, et des adjectifs, et des mots inutiles... C'est dommage, ajouta-t-il, mais tu feras des progrès... » Comme chaque fois, il me serra contre lui très vite, très fort, et il partit en courant.

Le lendemain, ni aucun des jours suivants, Feldman ne revint au lycée. Les professeurs nous dirent que peut-être il s'en était allé, que peut-être il avait été arrêté, que l'on ne pouvait savoir. Tous les soirs, trois mois durant, je l'ai cherché dans les squares, sur les berges de la

Trop bien élevé

Seine, partout. J'apprendrai deux ans plus tard qu'il avait été arrêté, avec sa mère, dans la nuit qui avait suivi notre dernier cours, à 4 heures du matin.

Tous deux sont morts à Auschwitz.

*
* *

Ces nuits que j'avais aimées, elles sont devenues effrayantes et je ne puis plus dormir dans ma chambre avant que ne vienne le petit matin. J'entends le bruit incessant des voitures qui se rangent à la file, tout au long de la rue, et qui hurlent. J'ouvre ma fenêtre, je regarde la nuit. Les hommes montent, silencieusement, dans celles des voitures qui leur sont réservées. Ce sont les plus grandes. Les femmes crient, se débattent tandis que les policiers les hissent dans leurs voitures, les séparant de leurs enfants. Ceux-ci, traînés ou seulement tenus par les bras, sont serrés dans les véhicules qui leur sont attribués. J'entends les pleurs, les gémissements, je vois les voitures qui partent en tous sens. Sans doute tous ces gens séparés, empor-

Trop bien élevé

tés, ne se reverront-ils pas... Quand vient le jour, le bruit s'en va avec la nuit, étrangement. Je n'entends plus rien dans la rue, rien qu'un effrayant silence.

*
* *

Ce fut si terrible cette nuit-là qu'au matin je passai chercher Cochard pour aller avec lui au lycée. Nous n'avions dormi ni l'un ni l'autre. Il me serra fermement le bras. « Tu sais, me dit-il, nous devons tout faire pour rester joyeux. » Il s'élance devant moi, et je le vois qui soudain se met à marcher sur le trottoir à quatre pattes. Il m'ordonne de l'imiter. Je m'y emploie. De quoi avons-nous l'air, ce matin ? Cochard semble s'en moquer. Notre seul problème est de rester joyeux, à tout prix, m'a-t-il dit. Nous entrons donc au lycée à quatre pattes, l'un derrière l'autre, chantant *La Marseillaise*, la seule chanson que peut-être nous ayons chantée ensemble. Nos camarades nous regardent amusés, ou effarés. Que sont-ils devenus ces deux-là ? Des pantins ? Des pitres ?

Trop bien élevé

Des ivrognes ? Tandis que Cochard poursuit sa course dans la cour du lycée, je me relève, épuisé, honteux. Non, ce n'est pas cela « rester joyeux ». Et moi je ne veux plus jamais l'être.

Achevé d'imprimer sur les presses de

BUSSIÈRE

GROUPE CPI

*à Saint-Amand-Montrond (Cher)
en février 2008*

N° d'édition : 15202. — N° d'impression : 080346/1.
Première édition, dépôt légal : octobre 2007.
Nouveau tirage, dépôt légal : février 2008.

Imprimé en France